每一卷所提及的主要時代①	第一卷	第二卷	第三卷	第四卷	第五卷	第六卷
	史前時代～約西元前 400 年	約西元前 300 年～5 世紀	約西元前 1200 年～10 世紀	4 世紀～16 世紀	[illegible]	13 世紀～18 世紀

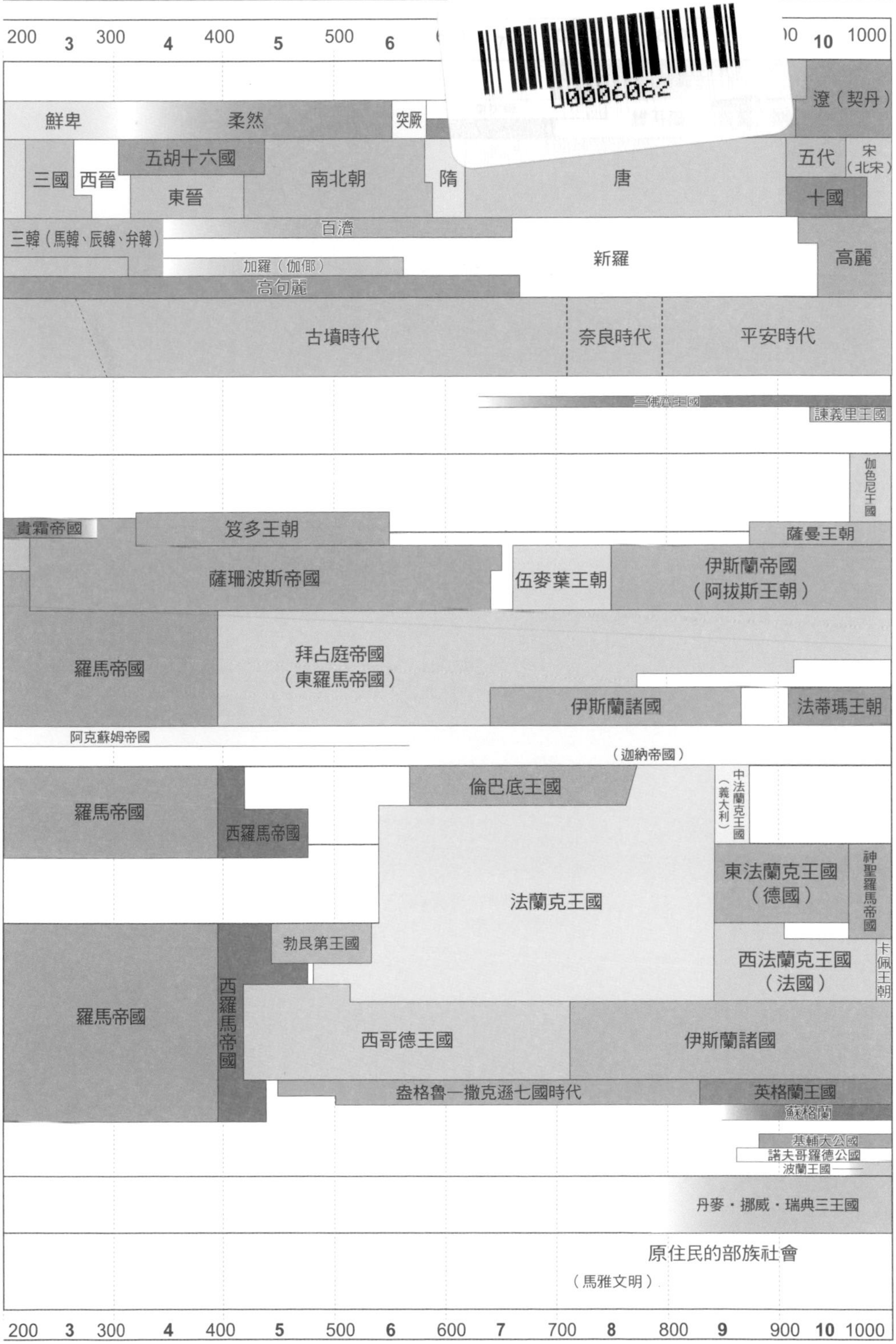

200 3 300 4 400 5 500 6 1000
鮮卑
柔然
突厥
遼（契丹）
三國
西晉
五胡十六國
東晉
南北朝
隋
唐
五代
宋（北宋）
十國
三韓（馬韓、辰韓、弁韓）
百濟
加羅（伽倻）
高句麗
新羅
高麗
古墳時代
奈良時代
平安時代
三佛齊王國
諫義里王國
伽色尼王國
貴霜帝國
笈多王朝
薩曼王朝
薩珊波斯帝國
伍麥葉王朝
伊斯蘭帝國（阿拔斯王朝）
羅馬帝國
拜占庭帝國（東羅馬帝國）
伊斯蘭諸國
法蒂瑪王朝
阿克蘇姆帝國
（迦納帝國）
羅馬帝國
西羅馬帝國
倫巴底王國
中法蘭克王國（義大利）
法蘭克王國
東法蘭克王國（德國）
神聖羅馬帝國
羅馬帝國
勃艮第王國
西羅馬帝國
西法蘭克王國（法國）
卡佩王朝
西哥德王國
伊斯蘭諸國
盎格魯－撒克遜七國時代
英格蘭王國
蘇格蘭
基輔大公國
諾夫哥羅德公國
波蘭王國
丹麥・挪威・瑞典三王國
原住民的部族社會
（馬雅文明）
200 3 300 4 400 5 500 6 600 7 700 8 800 9 900 10 1000

第11卷提供協助的諸先進

監修
早稲田大學文學學術院 教授
早稲田大學埃及學研究所 所長
近藤二郎

漫畫
吉田博哉

原作
南房秀久

裝訂、內文設計
修水

解說插畫
Plough21

提供照片、資料及協助（全系列）
山田智基·PPS通信社／amanaimages／時事通信社／時事通信PHOTO／每日新聞社／AFP／EPA／Bridgeman Images／C.P.C.Photo／學研資料課

主要參考資料等
世界歷史（中央公論新社）／圖像版 世界歷史（白揚社）／圖說 世界歷史（創元社）／詳說 世界史研究／世界史用語集／世界史人名辭典／詳說 世界史圖錄（以上為山川出版社）／PUTZGER歷史地圖（帝國書院）／角川世界史辭典（角川書店）／世界史年表·地圖（吉川弘文館）／富蘭克林·羅斯福傳（NTT出版）／蔣介石（文藝春秋）／毛澤東（岩波書店）／邱吉爾增補版（中央公論新社）／安妮·法蘭克（和平的小房間）照片故事／歷史群像系列 阿道夫·希特勒（學研）　其他不及備載

編輯協助
治田武士

解說編輯協助及設計
Plough21

校閱·校正
聚珍社

編輯人員（學研PLUS）
小泉隆義／高橋敏廣／渡邊雅典／牧野嘉文

NEW 全彩漫畫 世界歷史 World History

11

經濟大恐慌與第二次世界大戰

:: 監修
早稻田大學文學學術院 教授
早稻田大學埃及學研究所 所長
近藤二郎

:: 漫畫
吉田博哉

:: 原作
南房秀久

:: 翻譯
許郁文

:: 審訂
成功大學歷史學系 專任教授
翁嘉聲

全彩漫畫

NEW 世界歷史 World History 11 經濟大恐慌與第二次世界大戰

目次

本書注意事項

1. 「時代總結」中的各符號代表意義：→世界遺產、→重要詞句、→重要人物、→美術品、遺跡。
2. 「時代總結」中的重要詞句以粗體字標示，附解說的重要詞句以藍色粗體字標示。
3. 同一語詞若出現在兩處以上，將依需要標注參考頁碼。
4. 年代皆為西元年。西元前有時僅標記為「前」。11世紀以後的年代除了第一次出現外，有時會以末尾兩位數標示。

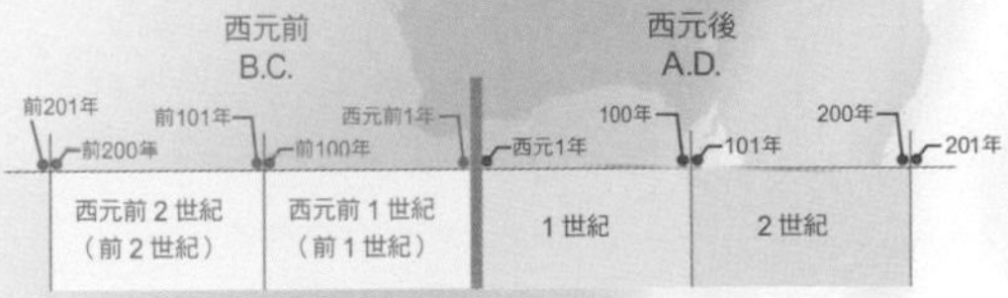

西元前
B.C.
西元後
A.D.
前201年
前200年
前101年
前100年
西元前1年
西元1年
100年
101年
200年
201年
西元前 2 世紀
（前 2 世紀）
西元前 1 世紀
（前 1 世紀）
1 世紀
2 世紀

5. 人物除了生卒年之外，若是王、皇帝或總統，會標記在位（在任）期間，標記方式為「在位或在任期間〇〇～〇〇」。
6. 國家或地區名稱略語整理如下：

英：英國／法：法國／德：德國／義：義大利／西：西班牙／奧：奧地利／荷：荷蘭
普：普魯士／俄：俄羅斯／蘇：蘇聯／美：美利堅合眾國／加：加拿大／土：土耳其
澳：澳洲／印：印度／中：中國／韓：韓國（大韓民國）／朝：朝鮮／日：日本／歐：歐洲

給家長的話

本書中的漫畫部分雖盡量忠於史實，但有些對話、服裝與背景已無佐證資料，因此在編劇與描繪上以吸引孩子的興趣為主要考量。漫畫中提及的典故、年號或名稱經常有不同說法，本書盡可能採用一般人較熟悉的說法。若有艱澀難懂的詞句，會在欄外加入解說。值得注意的是，有些詞句或表現方式在現代人眼中帶有歧視意味，但為了正確傳達當時社會狀況，將依情況需要予以保留。

1 經濟大恐慌與羅斯福

西元1929年10月，
紐約證券交易所股票市場崩盤引爆
金融危機，波及整個資本主義世界，
造成經濟大恐慌。時任美國總統的
羅斯福毅然施行安撫恐懼政策，
但是……
美國
紐約東部・海德公園

富蘭克林・羅斯福*總統
圖書館兼博物館

＊富蘭克林・羅斯福（西元1882～1945年）：美國第三十二任總統（在任期間西元1933～45年）。

唉唷！好無聊。日僑學校居然在博物館上課。
哎呀！別說這種話啦！
喂！你看、你看！
嗯？
是輪椅！
那是西元1930年代的古董喔！

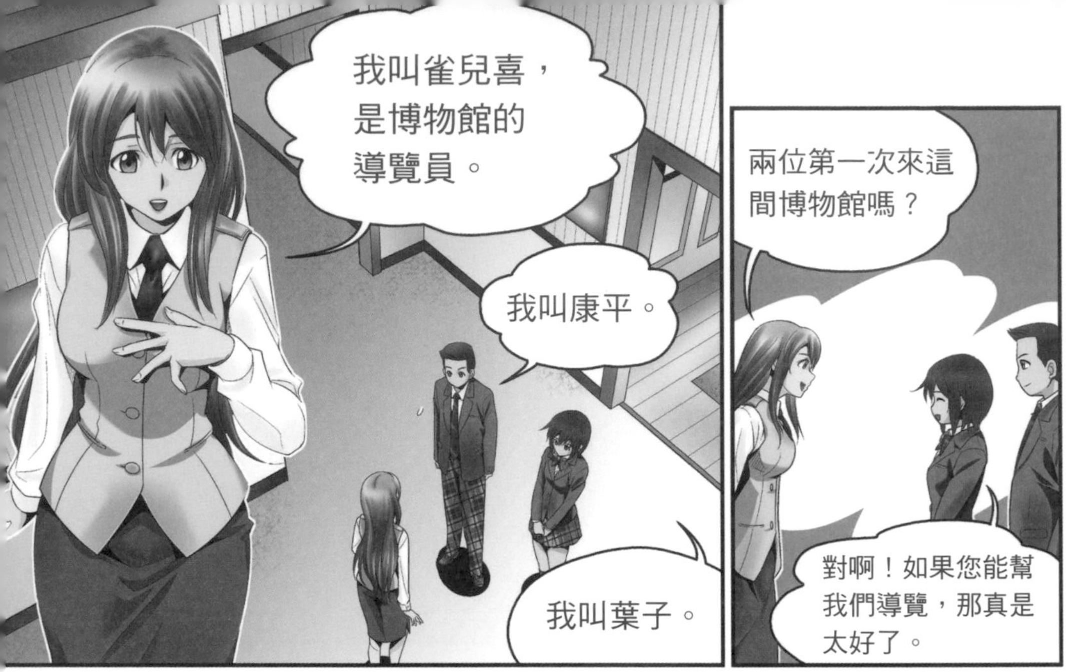
我叫雀兒喜，是博物館的導覽員。
我叫康平。
我叫葉子。
兩位第一次來這間博物館嗎？
對啊！如果您能幫我們導覽，那真是太好了。

小知識

富蘭克林・羅斯福不希望被報紙或雜誌記者拍到坐輪椅的模樣，所以當時美國國民鮮少有人知道總統的病況。

話說回來，怎麼會展示輪椅呢？
因為那是總統的輪椅。
總統的輪椅？
咦？歷任美國總統中，有坐在輪椅上的嗎？
唔
很少人知道羅斯福總統生病而雙腳殘疾的事喔！
小聲

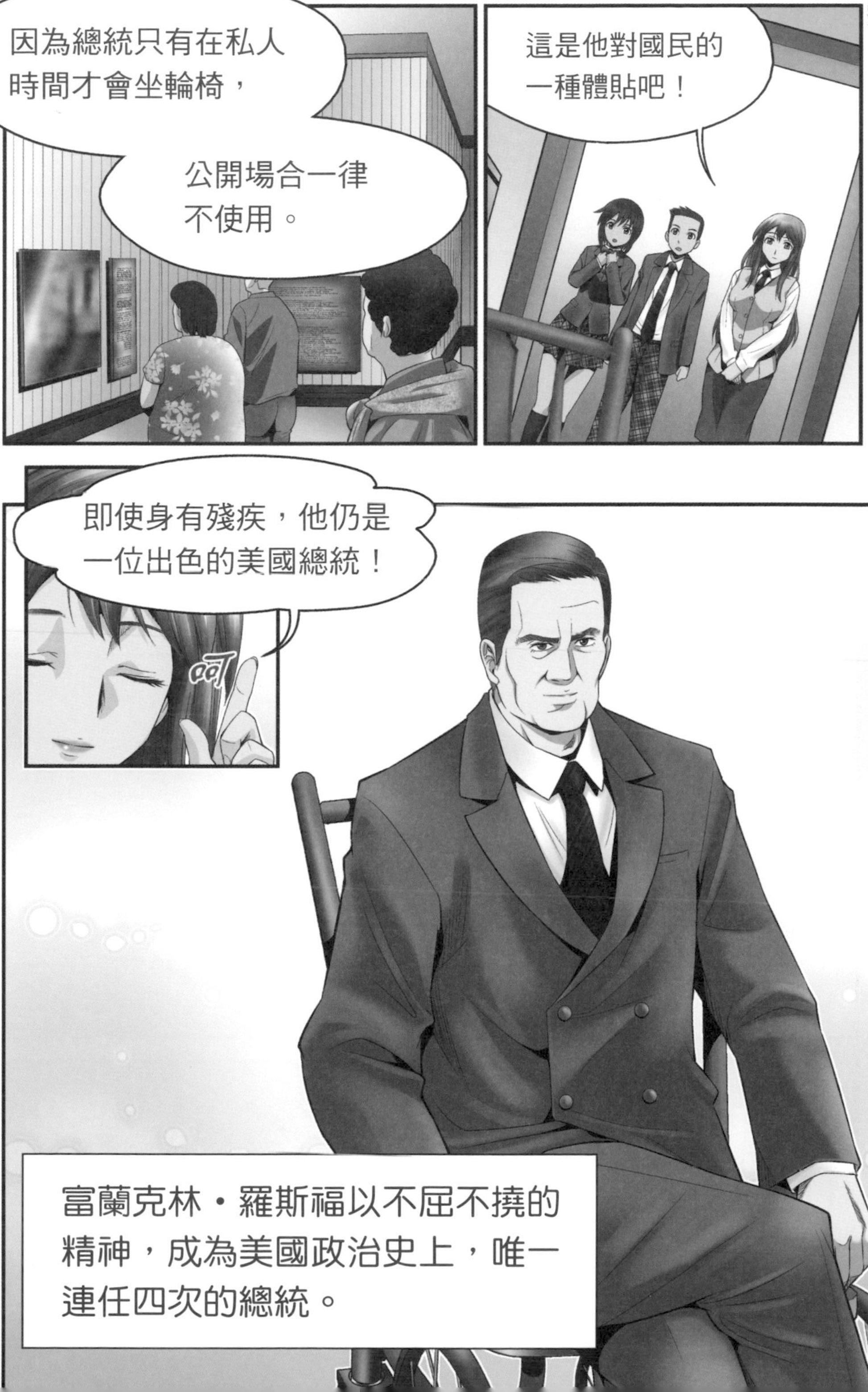
因為總統只有在私人時間才會坐輪椅，
公開場合一律不使用。
這是他對國民的一種體貼吧！
即使身有殘疾，他仍是一位出色的美國總統！
叩
富蘭克林・羅斯福以不屈不撓的精神，成為美國政治史上，唯一連任四次的總統。

小知識

美國總統任期為一任四年，慣例都會連任一次，這是第一任總統喬治・華盛頓未參加第三次總統選舉留下來的慣例。西元1951年的憲法修正案第二十二條規定，總統最多只能連任兩次，所以之後沒有人可以超越羅斯福總統的最長任職天數（4422天）紀錄。

小知識

富蘭克林・羅斯福的父親詹姆斯・羅斯福與母親莎拉・德拉諾結婚時，男方是再婚，女方則是第一次結婚，莎拉只有富蘭克林一個孩子。西元18世紀中葉，女方家族在中國走私土耳其產的鴉片（毒品）累積了龐大財富。莎拉幼年時期在香港度過。

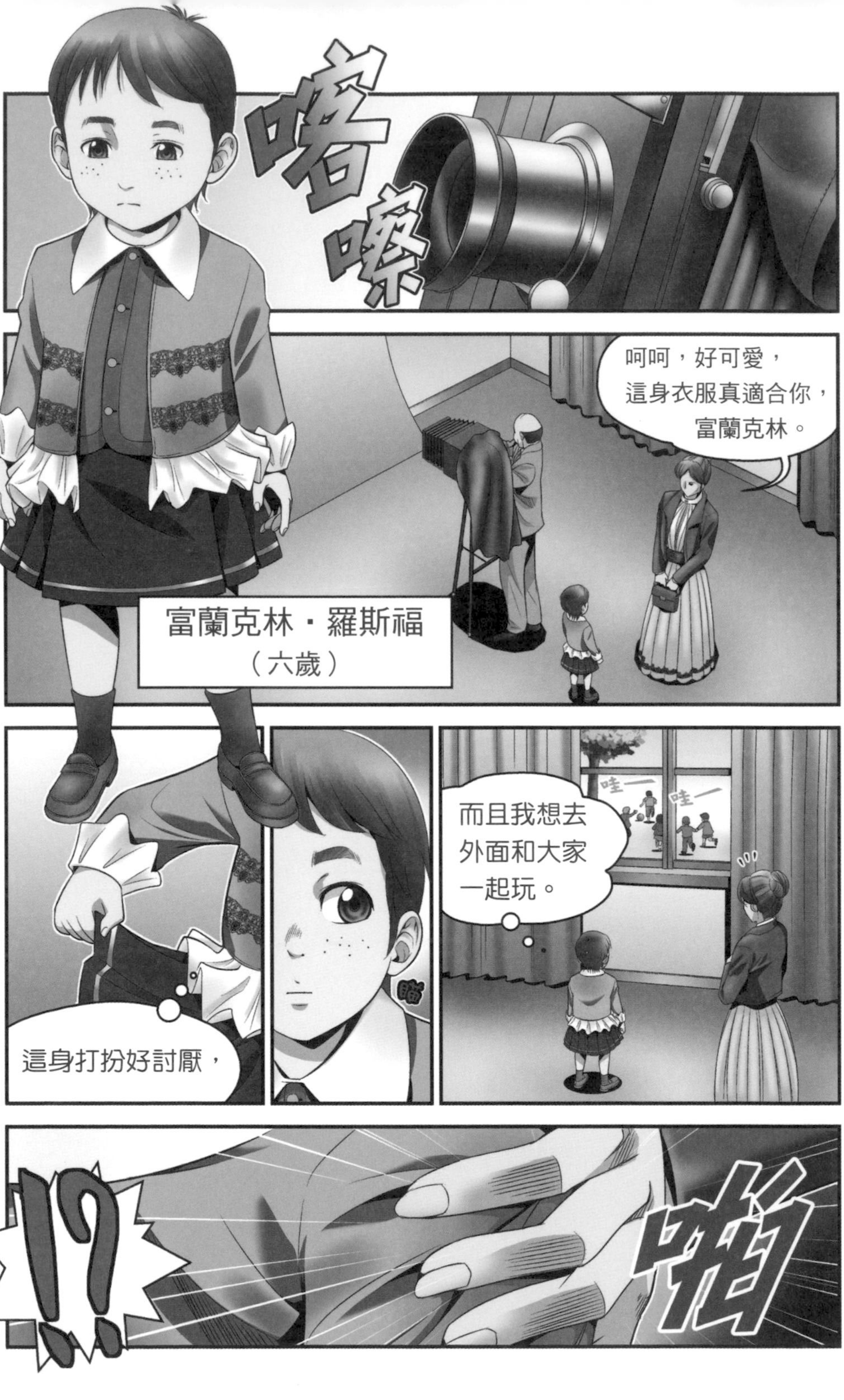
喀嚓
呵呵，好可愛，這身衣服真適合你，富蘭克林。
富蘭克林・羅斯福（六歲）
這身打扮好討厭，
瞄
而且我想去外面和大家一起玩。
哇—
哇—
!?
啪

你懂得忍耐嗎？
富蘭克林的母親
莎拉・羅斯福
驚
是、是的……
聽說羅斯福從年幼時期就被控制欲強烈的母親撫養長大，一輩子都很害怕母親。
呼呼
之後，
或許是這個原因，羅斯福雖在十四歲進入名校就讀，卻無法建立良好的人際關係，也無法適應住校生活。
孤——單

不行！不行！
這是什麼報導？
砰
不過，慢慢地得到自信後，羅斯福在大學時期擔任學報總編輯，成為風雲人物。
學生想看的
不是這種內容。
聽好，標題一定要簡單易懂，更有訴求力！
喀
這個經驗讓富蘭克林確信媒體*1對大眾的影響力。大學畢業後，富蘭克林在法律事務所擔任律師，之後進軍政界。

*1 媒體：指傳播資訊的工具。報紙、雜誌、廣播、電視等將大量資訊傳播給大眾的工具，稱為「大眾媒體」。

*2 華爾街：位於紐約市曼哈頓南端的大街，是許多美國銀行、證券公司總公司聚集的世界金融中心。

時光飛逝——
西元1929年秋天
紐約華爾街*2
唰
唰
咦？
那是？
客人，
這是股票*3！
這個時代沒有人
不玩股票吧？

*3 股票：證明股份有限公司投資者（出錢的人）身分的有價證券，又稱為股份。可以透過分紅方式分享公司利潤，公司業績成長，股價會跟著上漲；擁有足夠的股份，便能參與公司經營。

這三年股價漲了一倍，有些企業的股票甚至一年半就漲三倍。
哈哈
只要投資股票，明年這個時候，我一定會變成有錢人。
擦鞋童的話並非空談。這個時代的美國經濟景氣空前熱絡，因為第一次世界大戰的特殊需求*1，美國成為世界最大債權國*2，世界經濟中心從倫敦轉移至紐約。
securities company
把錢拿去買股票可以在數年之內翻倍，比放在銀行還划算，所以民眾前仆後繼地投資股票。
結果得到豐厚資金的企業不斷增添設備、大量生產商品，
大眾習於大量購買各種商品的生活型態形成。

*1 特殊需求：指因應戰爭帶來的特別需求。

*2 債權國：對外債權大於對外債務的國家。換言之，借錢給他國的金額高於向他國貸款的金額。

這就是「黃金的20年代」（又稱咆哮的20年代）。

然而，崩壞的腳步聲卻逐漸逼近。
紐約證券交易所*3
西元1929年
10月29日星期二
鈴鈴鈴
請說！
鈴鈴鈴

鈴鈴鈴
要賣出嗎？
鈴鈴鈴
鈴鈴鈴
賣出嗎？是，我知道了。
鈴鈴鈴
鈴鈴鈴鈴鈴
鈴鈴鈴鈴鈴
還是賣出嗎？
鈴鈴鈴鈴鈴

*3 紐約證券交易所：全世界最大的股票、債券交易場所，位於紐約的華爾街上。

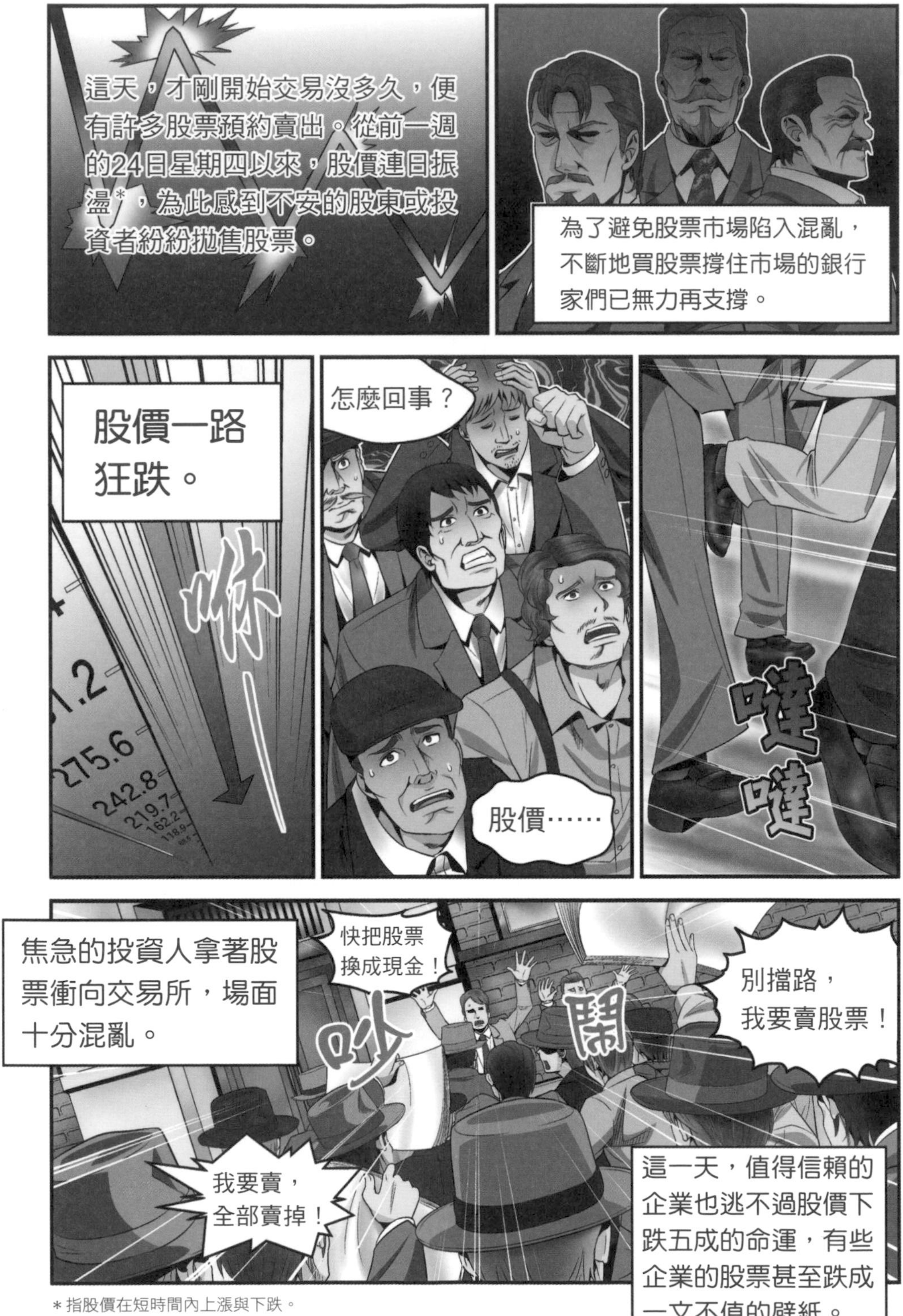
這天，才剛開始交易沒多久，便有許多股票預約賣出。從前一週的24日星期四以來，股價連日振盪*，為此感到不安的股東或投資者紛紛拋售股票。
為了避免股票市場陷入混亂，不斷地買股票撐住市場的銀行家們已無力再支撐。
股價一路狂跌。
咻
1.2
275.6
242.8
219.7
162.2
怎麼回事？
股價……
噠噠
焦急的投資人拿著股票衝向交易所，場面十分混亂。
快把股票換成現金！
別擋路，我要賣股票！
吵鬧
我要賣，全部賣掉！
這一天，值得信賴的企業也逃不過股價下跌五成的命運，有些企業的股票甚至跌成一文不值的壁紙。

＊指股價在短時間內上漲與下跌。

這就是史上
空前的——
股票大崩盤。

小知識

西元1929年10月，美國股價暴跌時的總統為赫伯特・胡佛。他提倡自由資本主義的經濟政策，相信永遠的繁榮與民間力量，採行政府不干涉民間經濟的施政方針。此舉使景氣更加惡化，經濟大蕭條變得更為嚴重。

股價暴跌讓美國經濟陷入災難。
CLOSED
據估計，西元1932年，美國國內有八百萬人失業，許多銀行和公司倒閉，工業生產量衰退百分之五十以上。
CLOSED
美國經濟危機造成巨大的影響，甚至拖累了極度依賴美國經濟的歐洲各國。
從西元1929年華爾街股市崩盤開始的世界性經濟大蕭條，便稱為「經濟大恐慌」。

叔叔，買份報紙。
買報紙！
ROOSEVELT INAUGURATED
（羅斯福就任總統）
喀喀、喀喀喀……
今天是國民獻身之日！
喀喀
這個國家需要有人採取行動，
喀喀
而且是立刻挺身而出！

小知識

從西元1930年開始，美國越來越多企業倒閉，銀行的存款客戶不相信銀行對企業的投資，紛紛湧向銀行擠兌，導致許多銀行停止營業或關門。羅斯福要求國會立刻通過《緊急銀行法》與《存款保險法》，同時透過廣播與國民約定銀行一定會重新營業，呼籲國民繼續把錢存在銀行。

從明天開始，沒問題的銀行將重新營業，
大家再也不需要把錢藏在床墊下，
我向大家保證！
第三十二任美國總統
富蘭克林・德拉諾・羅斯福

小知識

羅斯福每週透過當時非常普及的廣播，直接向美國國民進行演說。這種透過廣播的演說被稱為「爐邊談話」，讓羅斯福的人氣扶搖直上，並在第二次世界大戰時帶給國民勇氣。

富蘭克林，你真的是我的驕傲。
羅斯福總統的夫人愛蓮娜・羅斯福，是第二十六任美國總統西奧多・羅斯福*的姪女。她將一生奉獻給人權運動，對提升女性地位具有莫大貢獻。

小知識

羅斯福與愛蓮娜於西元1905年3月17日結婚，育有五男一女。羅斯福就任總統後，愛蓮娜成為第一夫人，在背後支持丈夫。順帶一提，第一夫人既非政治家也非公務員，所以不會從國家支領薪水。

＊西奧多・羅斯福（西元1858～1919年）：老羅斯福。第二十六任美國總統（在任期間西元1901～09年），因調停日俄戰爭而獲頒諾貝爾和平獎。據説絨毛布偶「泰迪熊」的命名源自西奧多小名為泰迪。

羅斯福就任總統時，
腳已經不方便而以輪椅代步。
有人認為，原因是他在
西元1921年三十九歲時
罹患了小兒麻痺。
真對不起你，愛蓮娜……
我居然變成這樣。
我該對政治
死心吧？
此時的羅斯福已獲得政治家
美譽，家人和親友們也建議
他平靜地度過餘生，連他自
己也準備退出政壇。
未來是屬於相信
夢想的人。
！

然而，愛蓮娜
獨排眾議。
只有政治，才能
讓你重返神采飛
揚的日子。
緊握
讓我們一起
奮鬥吧！
羅斯福在她的鼓
勵下，不但度過
數年病魔纏身的
日子，後來甚至
當上總統。

愛蓮娜在背後陪伴總統不屈不撓往前行。

西元1933年，
羅斯福就任總統後，前一百天內通過不計其數的法案。
啪啪
啪啪
啪啪
啪啪
啪啪
啪啪
啪啪

例如，救助農民的《農業調整法》（AAA）；協調各產業界，重新訂立生產和雇用秩序的《國家產業復興法》（NIRA）。此外，成立田納西河流域管理局（TVA），藉由興建水壩工程，雇用大量勞工降低失業率。
這一系列政策，稱為羅斯福新政*。
隔年1月，投入公共工程的426萬5000人從政府領到薪水，總算擁有一份穩定的工作。

*羅斯福新政：將自由資本主義的經濟政策，改為政府積極介入、穩定市場經濟的政策。新政的基本目標為3R，即救濟（Relief）、復興（Recovery）、改革（Reform）。

啵
希望之光點亮了
美國人的內心。
海德公園
羅斯福私人宅邸
喀嚓
總統先生！

請您看看，許多國民寄來感謝信。
雖不是立竿見影，但景氣的確慢慢回升。
總統先生，您的政策成功了。
微笑
成功？
選個方法實驗是常識，失敗了就承認錯誤，再嘗試其他方法就好。
轉

小知識

羅斯福是推理小說的愛好者，知名的福爾摩斯迷（名偵探夏洛克・福爾摩斯的愛好者），也是美國福爾摩斯俱樂部（BSI）的會員。此外，副總統哈利・杜魯門也是BSI的會員之一。BSI為原文Baker Street Irregulars的縮寫，意思是貝克街非正規軍。

小知識

有經濟學家認為，羅斯福的新政並非很有效的經濟政策，而美國之所以能從經濟大蕭條中重振旗鼓，全是因為參加了第二次世界大戰，軍事費用大幅增加，使工業生產擴大。

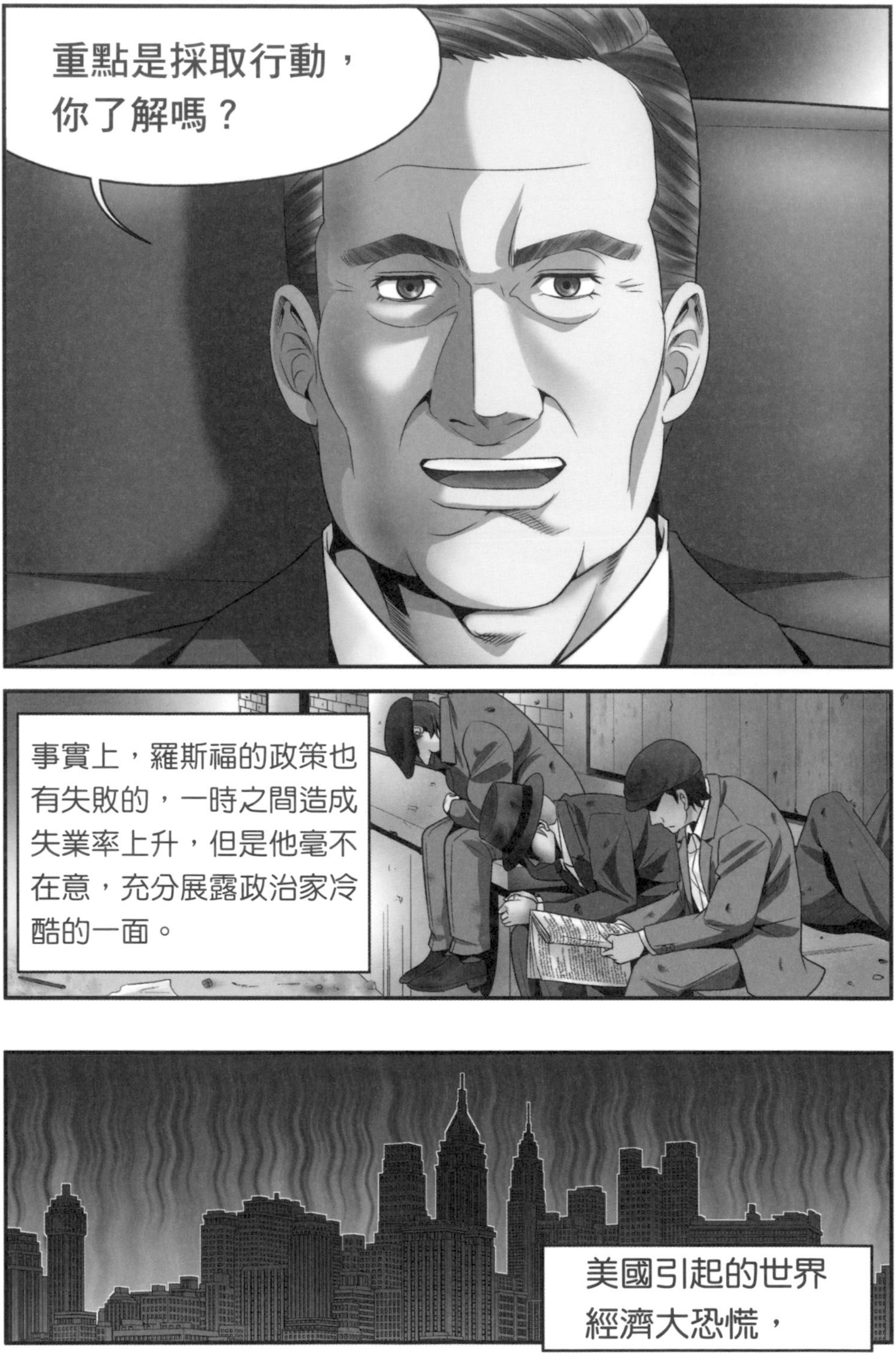
重點是採取行動，你了解嗎？
事實上，羅斯福的政策也有失敗的，一時之間造成失業率上升，但是他毫不在意，充分展露政治家冷酷的一面。
美國引起的世界經濟大恐慌，

造成歐洲許多資本主義國家遭受沉重打擊。
英國為了度過經濟大恐慌，授予白人自治殖民地外交和自治權，提升殖民地的地位，並與這些自治殖民地成立大英國協。
大英國協透過自給自足的方式避免與外國交易，推動避開經濟危機的「集團經濟*1」。
真狡猾。
法國也組成了法郎*2集團。
擁有殖民地的英國與法國被稱為「富國」，是能因應經濟危機的國家。
英鎊集團
法郎集團

小知識

一般認為，蘇聯是共產主義國家，所以能避開經濟大恐慌的影響，維持經濟成長。但這只是蘇聯政府表面上如此宣稱，實際上很多人因為糧食不足餓死。

*1 英國組成以英國貨幣單位「英鎊」為交易貨幣的經濟體制，稱為「英鎊集團」。 *2 法國的貨幣單位為「法郎」。

小知識

德國在納粹德國成立之前，已經產生從東方獲得領土的東方生存圈概念。受到這個概念影響的阿道夫・希特勒（見52頁）為了在東歐獲得生存空間，驅趕（或虐殺）原本住在東歐的斯拉夫民族，主張將東歐視為德國領土。

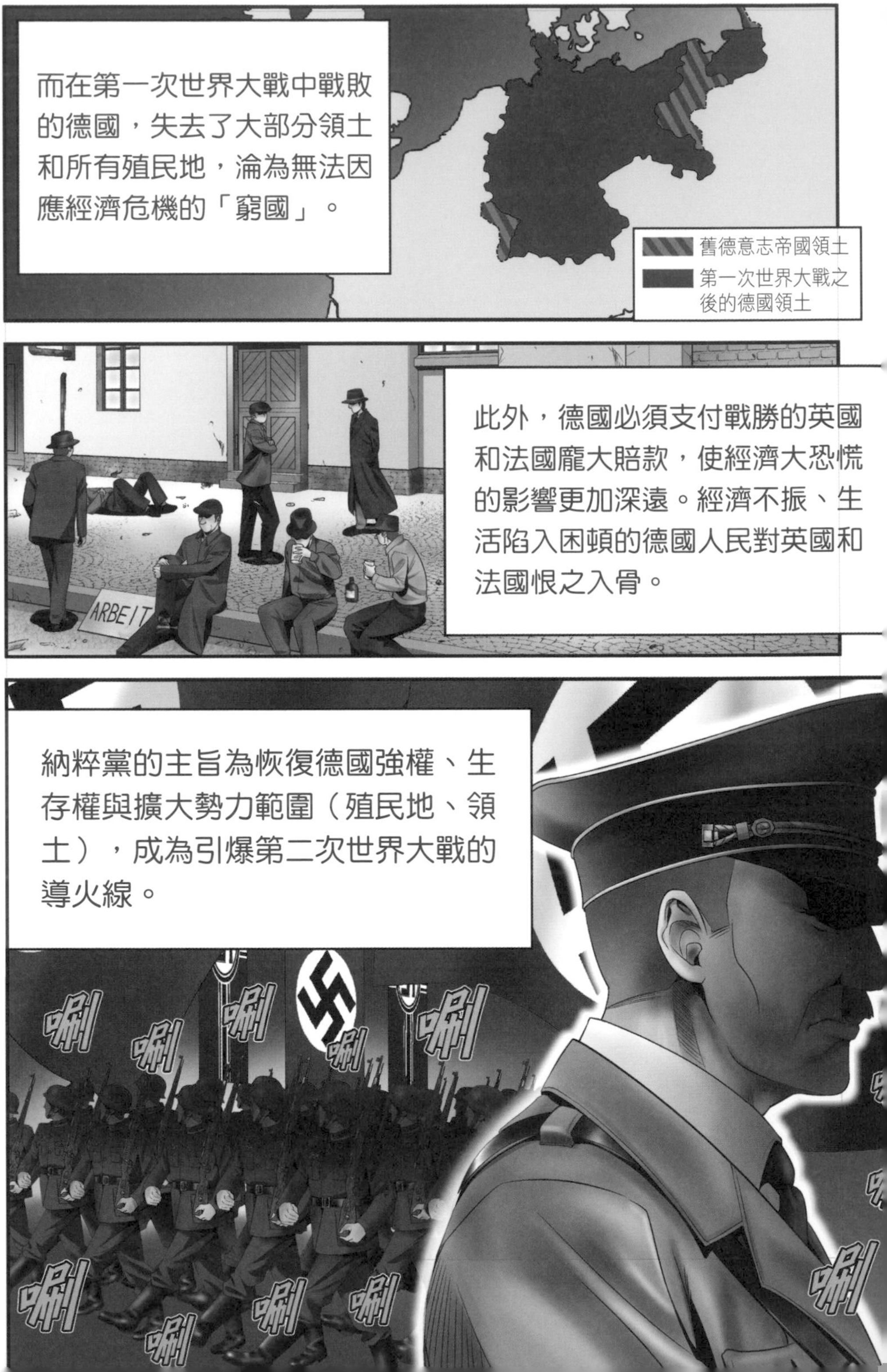
而在第一次世界大戰中戰敗的德國，失去了大部分領土和所有殖民地，淪為無法因應經濟危機的「窮國」。
舊德意志帝國領土
第一次世界大戰之後的德國領土
此外，德國必須支付戰勝的英國和法國龐大賠款，使經濟大恐慌的影響更加深遠。經濟不振、生活陷入困頓的德國人民對英國和法國恨之入骨。
ARBEIT
納粹黨的主旨為恢復德國強權、生存權與擴大勢力範圍（殖民地、領土），成為引爆第二次世界大戰的導火線。
唰
唰
唰
唰
唰
唰
唰
唰
唰
唰

2 蔣介石與毛澤東

中華民國建國後，清朝隨之滅亡。
但此時的中國卻陷入一片混亂之中。
各地中國人彼此相爭，無法團結對抗
想將中國納為殖民地的列強。
西元1920年
上海*

叩
我覺得革命不過就是
顛覆之前的體制而已。

* 上海：位於長江口南岸的商業城市。西元1842年的《南京條約》使上海轉型為通商港口，西歐列強紛紛在此設立領事館、商館，以及租界（見30頁）。西元1920～30年代之間，上海發展成為中國最大的城市。

鴉片戰爭*1後，上海出現許多租界*2區。租界，指的是賦予外國人特權，使外國人不受清朝法律管轄的外國人居住地。
喀
不認同自己優秀的社會是錯誤的，應該推翻這樣的社會。
對此不滿的年輕人嚮往革命，紛紛投入共產主義運動，
除了俄羅斯之外，英國、美國甚至日本都發生相同的情況。
啪
推翻現有體制，能指導民眾的就是我們……雖然傲慢，但這個想法已經深植年輕人內心了。
你看看，不久前在上海闖出名號的毛澤東*3，也是他們的一分子吧！
毛澤東
他們迫切希望在北京的中華民國總統黎元洪*4驅逐軍閥*5。
讀了陳望道*6翻譯的《共產黨宣言》*7後，共產黨似乎慢慢地在這個國家形成。
毛澤東在西元1921年7月成為中國共產黨創黨成員之一。

*1 鴉片戰爭（西元1840～42年）：英國對嚴厲取締鴉片的清朝發動的戰爭。清朝被迫屈服，簽訂《南京條約》。

成為共同租界。日本雖未在上海設立租界，共同租界區的虹口卻有許多日本人居住。

*3 毛澤東（西元1893～1976年）：中華人民共和國第一任國家主席（在任期間西元1949～59年）。

*4 黎元洪（西元1864～1928年）：中華民國第二、第四任總統。原是清朝軍人，在西元1911年辛亥革命成為革命軍司令。

*5 軍閥：擁兵自重，盤踞各地的軍人集團。

*6 陳望道（西元1890～1977年）：中國學者、政治家。西元1919年在中國首譯《共產黨宣言》。曾於日本留學。

*7《共產黨宣言》：西元1848年，由馬克思與恩格斯共同發表的共產主義聯盟構想。

*8 北一輝（西元1883～1937年）：本名為北輝次郎（見第10卷）。雖與西元1936年日本爆發的二二六事件（見37頁）沒有直接關係，卻因為是理論上的指導者而被捕，在非公開法庭被判處死刑而遭到槍斃。

小知識

辛亥革命指的是西元１９１１年10月10日，由武昌起義開始的民主主義革命。西元１９１２年１月中華民國成立，清朝第十二代皇帝溥儀（宣統帝）於2月宣布退位。這場革命推翻了傳統的君主制度，催生出亞洲第一個共和國。在天干地支裡，西元１９１１年為「辛亥」年，所以稱為辛亥革命。

這條街真是龍蛇雜處，許多人來來去去啊！
嗝
對，這裡簡直就是國際城市！
除了中國人之外，想要一夕致富的美國人、流亡的俄羅斯貴族、企圖將全亞洲納入自己殖民地的英國人，還有協助辛亥革命而無法回歸故土的日本人。
喀
無法回歸故土的說法有點過分啊！
北君嗎？之前到哪去了？
北一輝*8，加入孫文組成的中國同盟會*9，在西元1911年投身辛亥革命的日本思想家。

*9 中國同盟會：西元1905年8月，孫文在日本東京組成的政治團體。以推翻清朝的革命運動為主軸，在西元1906～11年之間多次發動武裝起義。孫文與留學日本的蔣介石便是在中國同盟會結識。

*1 蔣介石（西元1887～1975年）：中華民國行憲後第一～五任總統（在任期間西元1948～75年）。　*2 孫文（西元1866～1925年）：領導辛亥革命的革命家。中華民國第一任臨時大總統、中國國民黨總理。後人尊稱為孫中山先生。

小知識

蔣介石在西元1906年遠渡日本，結識了孫文率領的中國同盟會成員陳其美。自西元1910年開始，蔣介石在日本陸軍工作，直到辛亥革命爆發後，回國參加革命。他自行擔任好友陳其美的護衛，與陳其美義結金蘭（雖不是親兄弟，卻以兄弟相稱的意思）。

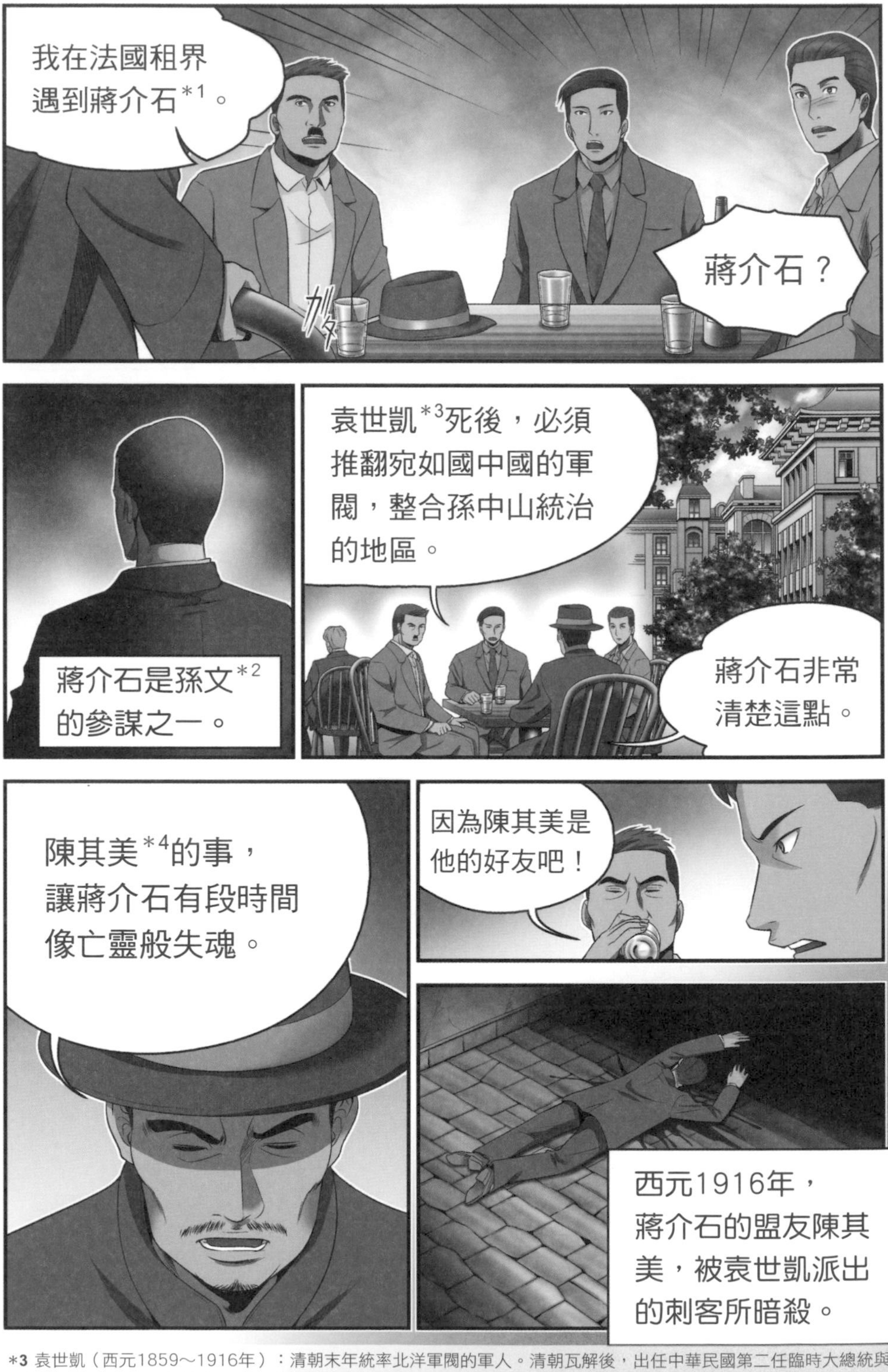
我在法國租界遇到蔣介石*1。
ガタ
蔣介石？
蔣介石是孫文*2的參謀之一。
袁世凱*3死後，必須推翻宛如國中國的軍閥，整合孫中山統治的地區。
蔣介石非常清楚這點。
陳其美*4的事，讓蔣介石有段時間像亡靈般失魂。
因為陳其美是他的好友吧！
西元1916年，蔣介石的盟友陳其美，被袁世凱派出的刺客所暗殺。

*3 袁世凱（西元1859～1916年）：清朝末年統率北洋軍閥的軍人。清朝瓦解後，出任中華民國第二任臨時大總統與中華民國第一任正式大總統。　*4 陳其美（西元1878～1916年）：對建立中華民國有功的革命家。在日本留學時結識蔣介石。

小知識

西元1905年組成的中國同盟會，由孫文的興中會、黃興和宋教仁的華興會，以及蔡元培和章炳麟（別號太炎）的光復會所組成，目的是為了讓來自四面八方的人團結一致。對此深有共鳴的年輕人紛紛加入中國同盟會。

小知識

這時候的上海是中國與世界連接的窗口，許多人從這裡被送往海外工作（上海的英文shanghai有「擄人」、「拐帶」之意）。看似繁榮的上海因為充斥著鴉片、賣春、賭博等犯罪活動，被稱為「魔都」。

咕咚
咕咚
嘶
嗝
失去摯友的蔣介石似乎對革命失去熱忱。
表面上看起來，
你好像想和孫中山保持距離，
但是，你瞞不過我這雙眼睛的！
睜

啪
叩
我正從青幫*籌措資金，為了避免被發現，才假裝保持距離。
「青幫」是以復興漢族為目標的集團。利用買賣鴉片等犯罪行為作為資金來源，在龍蛇雜處的上海，大家對他們多有忌憚。

小知識

上海租界是不受清朝法律管轄的治外法權區，因此清朝末年的革命家、原是軍閥的國民黨、共產黨，或是身懷特殊任務的各國間諜都潛伏在此。與租界有淵源的青幫掌控了上海黑社會，青幫大頭目杜月笙（西元1888～1951年）是知名的黑社會大人物。

*青幫：據傳於清朝初年組成，最初是在大運河工作的勞工（透過船隻載運白米）的護衛隊。經過鴉片戰爭與太平天國事件後，組織產生變化，成為以上海為據點，掌控黑社會的集團。

小知識

提供孫文革命資金的是華僑（離開中國，於海外定居的中國人或後代）。清朝末年，東南亞及其他地區的華僑約有七百萬人，為了祖國的未來，紛紛支援革命。因此，華僑被譽為「革命之母」。

這麼做實屬無奈，因為推翻軍閥需要更多武器。
站起
這些武器最後會用來驅逐日本嗎？
充分展現侵略中國野心的日本參加了第一次世界大戰，與德國宣戰後，要求繼承德國在山東半島的權益，逼迫袁世凱的北京政府接受二十一條要求*1。
滿州（中國東北地區）
南滿鐵路
俄羅斯
朝鮮
遼東半島
山東半島
日本人
孫文
日本激怒中國國民的舉動，使孫文與日本友人之間的關係變得緊繃。
孫先生對此也感到困惑，他的南京臨時政府希望能與袁世凱的北京政府成為同一陣線的夥伴，
許多人都認為這對國家有好處。
所以，與日本終究還是有衝突吧！

*1 二十一條要求：西元1915年1月，日本向中國袁世凱政府提出的要求，主要內容包括繼承德國在山東半島的權利，以及中國東北地區（滿州）南部與內蒙的統治權，且要求干涉中國內政。

日本還有宮崎滔天*2和
犬養毅*3這兩位！
喀喀
一定會盡力阻止這種事發生。
啪
他們與孫先生一直相知相惜。
呵呵
我們也是！
之後北一輝回到日本，卻在二二六事件*4中，因為對年輕軍官造成思想上的影響被逮捕，遭判處死刑。

*2 宮崎滔天（西元1871～1922年）：本名為宮崎寅藏。援助流亡日本的孫文與辛亥革命。 *3 犬養毅（西元1855～1932年）：第二十九任日本首相（在任期間西元1931～32年）。受宮崎滔天之託，提供流亡至日本的孫文與蔣介石藏身處。之後被日本海軍年輕軍官所殺（五一五事件）。

*4 二二六事件：西元1936年2月26日，日本陸軍年輕軍官發動的武裝政變，在29日被鎮壓。武裝政變的原文是法文coup d'etat，意思是「對國家發動攻擊」。

革命尚未成功……

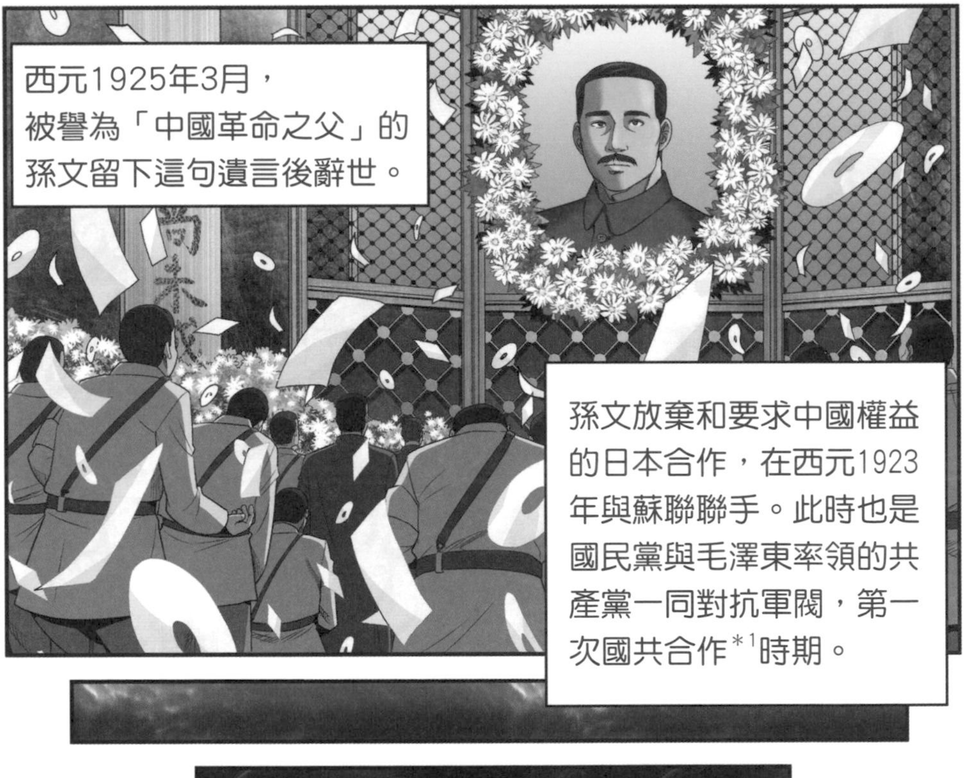
西元1925年3月，
被譽為「中國革命之父」的
孫文留下這句遺言後辭世。
孫文放棄和要求中國權益
的日本合作，在西元1923
年與蘇聯聯手。此時也是
國民黨與毛澤東率領的共
產黨一同對抗軍閥，第一
次國共合作*1時期。

兩年後的上海——

*1 第一次國共合作：中國國民黨與共產黨合作的體制。共產黨黨員可以保留黨籍加入國民黨，但國民黨員不可逆向加入，因此並非平等的合作關係。

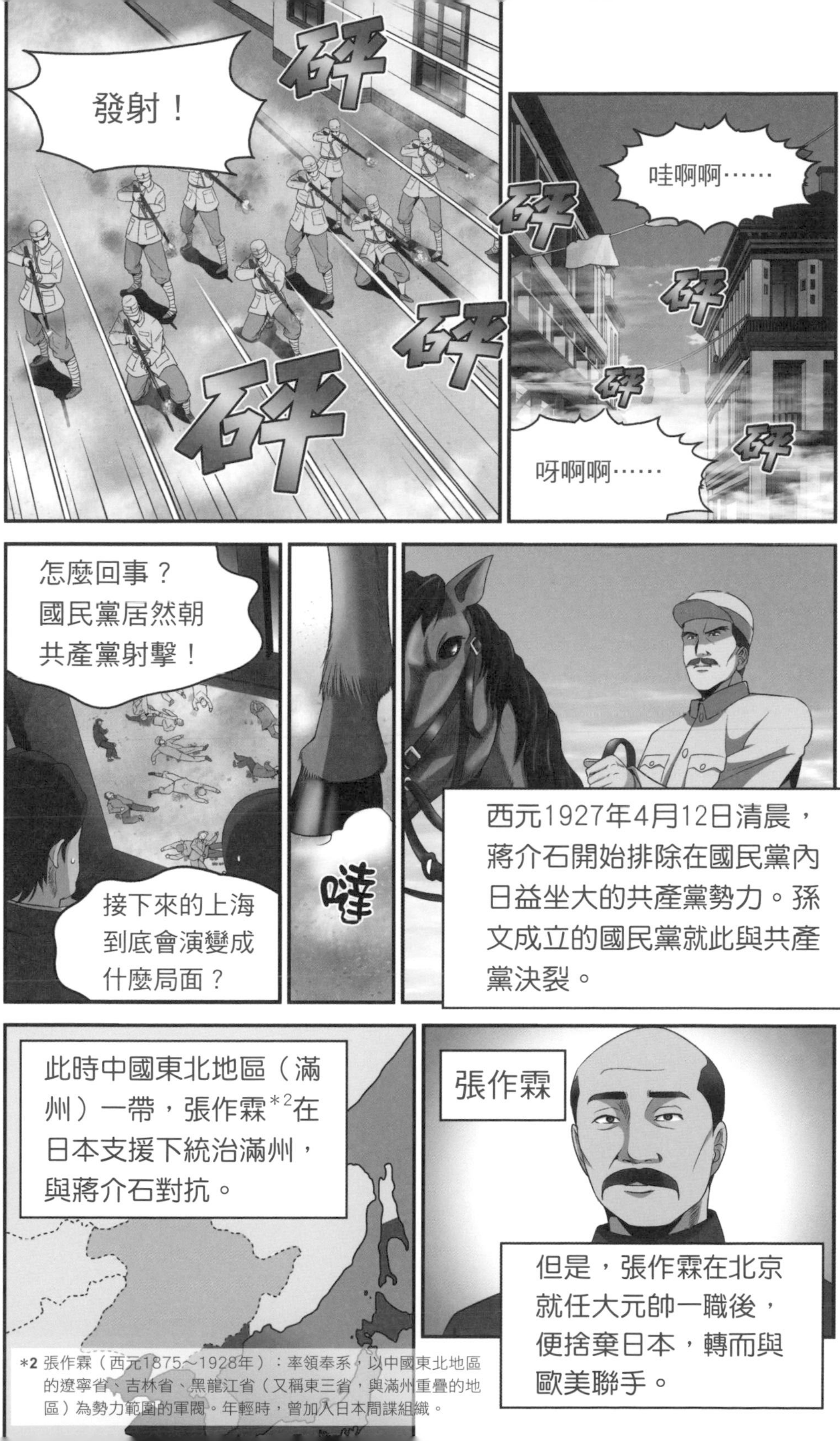
發射！
砰
砰
砰
砰
哇啊啊……
砰
砰
砰
砰
呀啊啊……
怎麼回事？國民黨居然朝共產黨射擊！
接下來的上海到底會演變成什麼局面？
噠
西元1927年4月12日清晨，蔣介石開始排除在國民黨內日益坐大的共產黨勢力。孫文成立的國民黨就此與共產黨決裂。
此時中國東北地區（滿州）一帶，張作霖*2在日本支援下統治滿州，與蔣介石對抗。
張作霖
但是，張作霖在北京就任大元帥一職後，便捨棄日本，轉而與歐美聯手。

*2 張作霖（西元1875～1928年）：率領奉系，以中國東北地區的遼寧省、吉林省、黑龍江省（又稱東三省，與滿州重疊的地區）為勢力範圍的軍閥。年輕時，曾加入日本間諜組織。

小知識

西元1927年3月，在共產黨指導下發動武裝政變的勞工們，在上海成立自治政府。4月，蔣介石逮捕並處死許多參與革命的勞工和共產黨黨員（四一二事件），第一次國共合作因此瓦解，同年7月即爆發國共內戰。

小知識

滿州軍閥首領張作霖搭乘的特別列車，除了火車頭之外，由十九節車廂組成，遭炸毀的有八號車廂（陪同人員車廂）、張作霖搭乘的九號車廂（貴賓車廂）、十號車廂（餐車廂）、十一號車廂（臥鋪車廂）。爆炸地點在距離京奉鐵路（北京到奉天）瀋陽站約1公里處，炸藥安裝在南滿鐵路沿線橫跨京奉鐵路的皇姑屯車站天橋橋墩上。

轟轟轟轟轟轟
父親！
砰
是誰殺了父親！
張學良*1
西元1928年6月4日，日本關東軍（駐紮在中華民國租借地區關東州*2的守備軍）暗殺張作霖，
哇啊啊啊啊啊啊
導致張作霖之子張學良與原本敵對的國民黨聯手。

*1 張學良（西元1901～2001年）：張作霖長子。父親死後，繼承父親權力。
*2 關東州：日本統治的遼東半島南部地區。

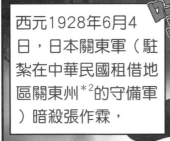

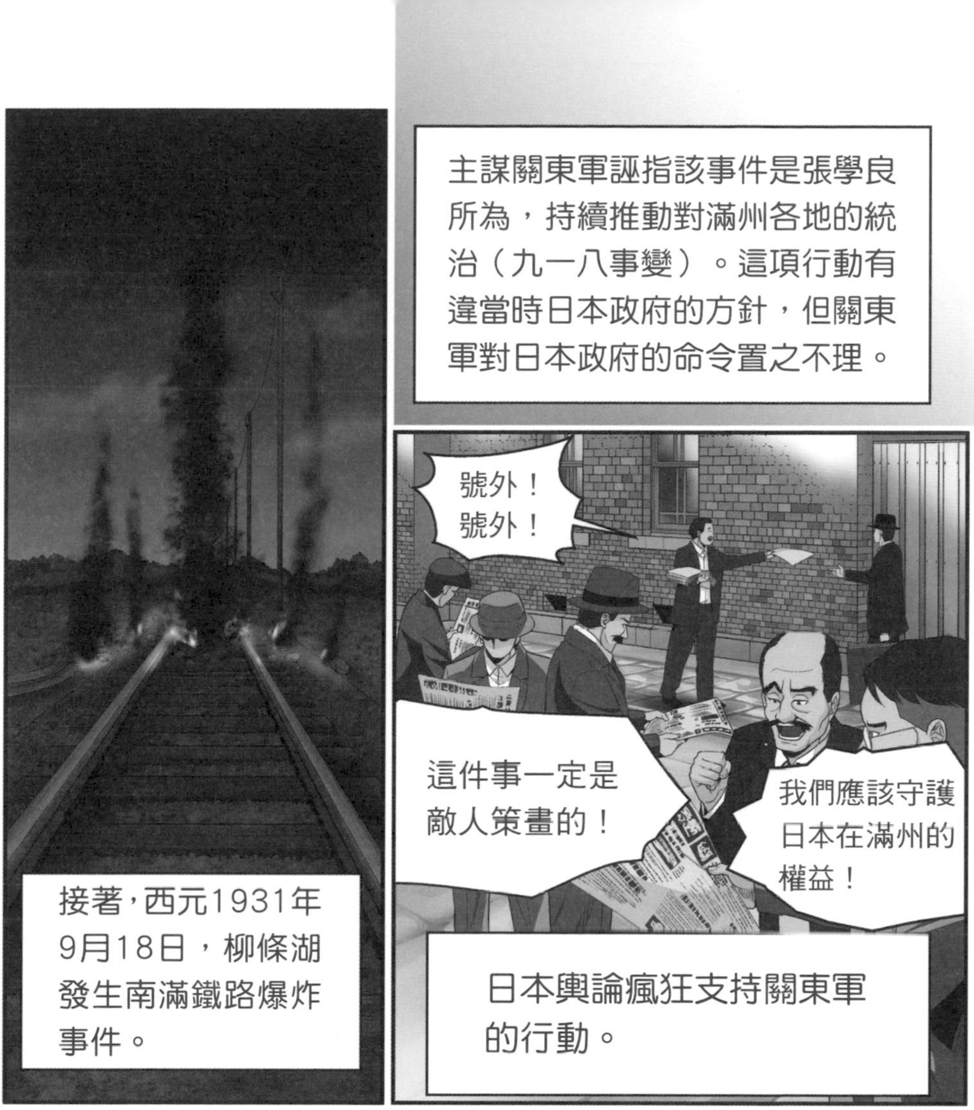
接著，西元1931年9月18日，柳條湖發生南滿鐵路爆炸事件。
主謀關東軍誣指該事件是張學良所為，持續推動對滿州各地的統治（九一八事變）。這項行動有違當時日本政府的方針，但關東軍對日本政府的命令置之不理。
號外！號外！
這件事一定是敵人策畫的！
我們應該守護日本在滿州的權益！
日本輿論瘋狂支持關東軍的行動。

小知識

宣統帝溥儀雖於六歲時因辛亥革命退位，但革命軍答應他保有大清皇帝的尊號，允許他繼續居住在紫禁城，每年還可以支領四百萬兩的費用。直到西元1924年北京政變後，溥儀才被趕出紫禁城。

西元1932年3月，關東軍建立滿州國，並在兩年後讓清朝宣統帝溥儀*3登基。
成為孫文後繼者的蔣介石此時因國共內戰纏身，除了默認滿州國成立，也在國共內戰中一舉成名。

*3 溥儀（西元1906～67年）：清朝第十二代皇帝（在位期間西元1908～12年）。以康德帝之名就任滿州國皇帝（在位期間西元1934～45年），但只是關東軍的傀儡。

*1 蔣介石早一步得知張學良的企圖後衝出宿舍，逃往深山中，卻還是被抓住。

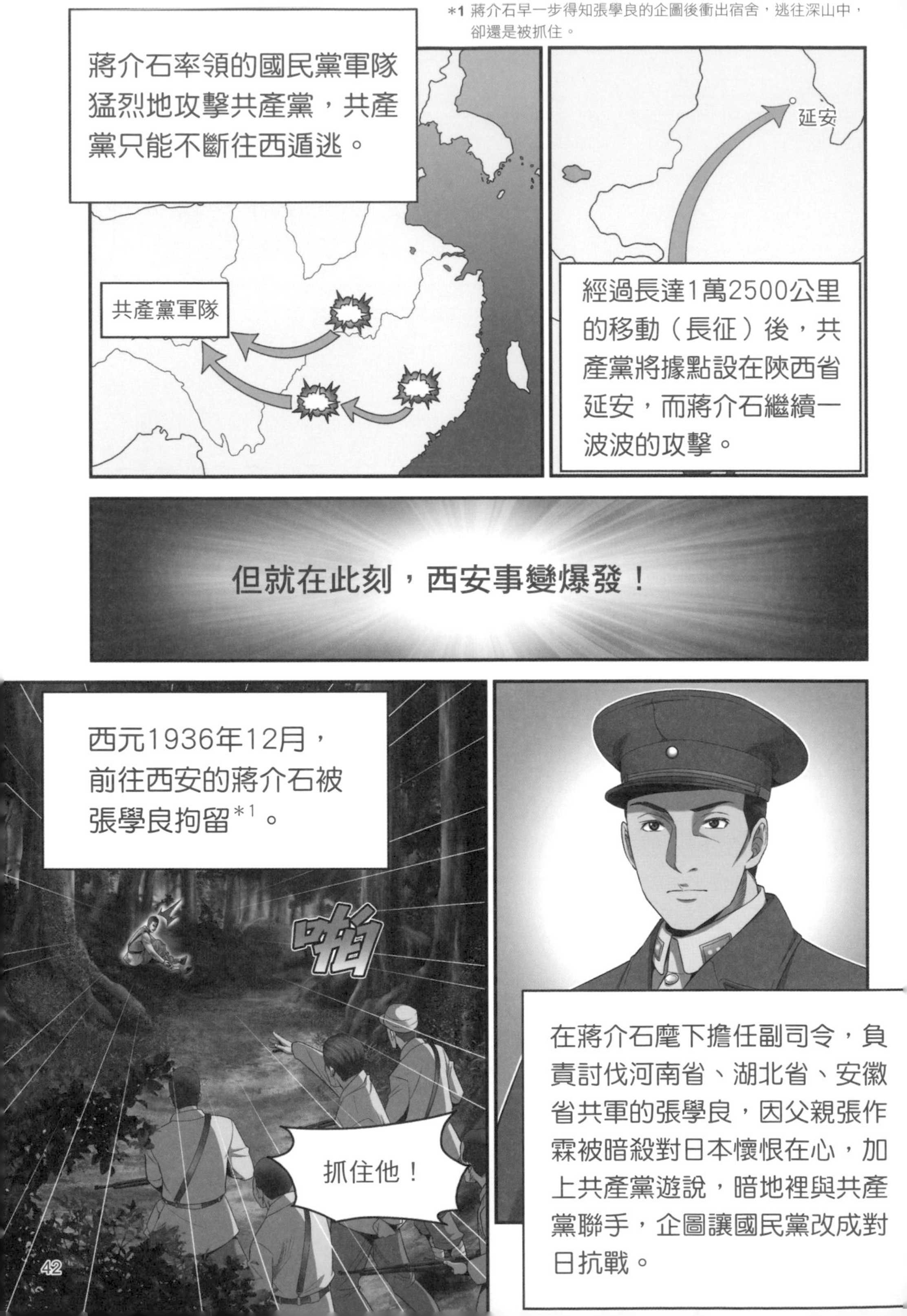

蔣介石率領的國民黨軍隊猛烈地攻擊共產黨，共產黨只能不斷往西遁逃。
共產黨軍隊
延安
經過長達1萬2500公里的移動（長征）後，共產黨將據點設在陝西省延安，而蔣介石繼續一波波的攻擊。
但就在此刻，西安事變爆發！
西元1936年12月，前往西安的蔣介石被張學良拘留*1。
啪
抓住他！
在蔣介石麾下擔任副司令，負責討伐河南省、湖北省、安徽省共軍的張學良，因父親張作霖被暗殺對日本懷恨在心，加上共產黨遊說，暗地裡與共產黨聯手，企圖讓國民黨改成對日抗戰。

*2 基於「安內攘外（先求國內安定，再驅逐外敵）」的政策，蔣介石認為剷除共產黨必須先於驅逐覬覦中國的日本。但是與共產黨聯手的張學良要求國民黨與共產黨聯手，西安事變就是向蔣介石兵諫（以武力進諫）。

日軍只是輕微的皮膚病，
怒
共產黨卻是深入內臟的重症！置之不理將招來死亡！
！
即使被軟禁，蔣介石仍強硬地拒絕張學良的要求。

不過，等到中國共產黨的周恩來*1進入西安與蔣介石懇談後，蔣介石的態度軟化，爽快答應張學良要求後被釋放。
喀嚓
周恩來
日後，蔣介石對這場會談完全不發表任何談話。為什麼接受共產黨的要求而改變心意，至今仍是個謎。

*1 周恩來（西元1898～1976年）：中華人民共和國第一任總理（在任期間西元1949～76年）。在孫文成立的黃埔軍校擔任政治部副主任時，該校校長為蔣介石。

另一方面，位居中國共產黨領導人地位的毛澤東，原本打算在蔣介石被釋放後，立刻殺死可恨的蔣介石，
但是蘇聯的史達林*2發出不得殺害蔣介石的嚴令。據說，不得不聽從蘇聯指示的毛澤東，

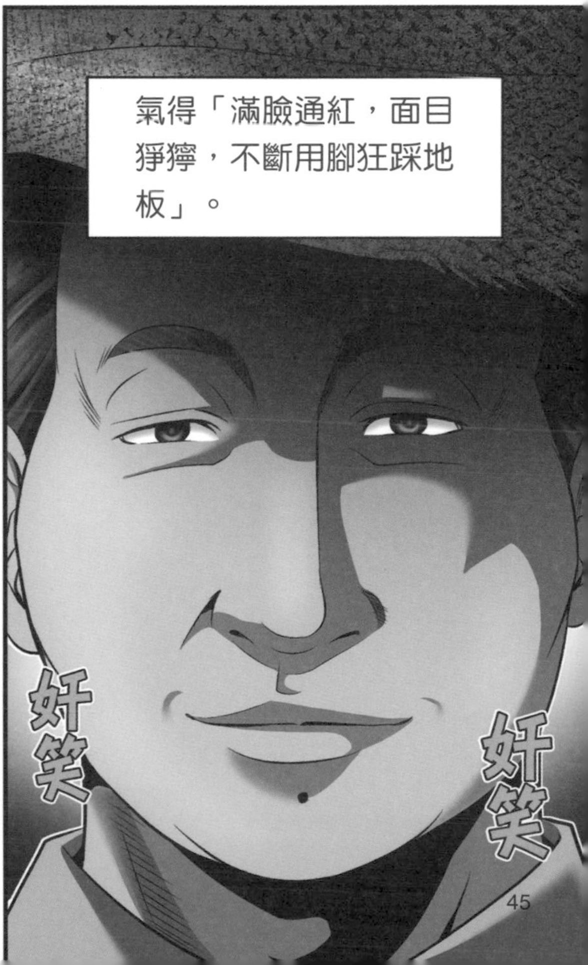
氣得「滿臉通紅，面目猙獰，不斷用腳狂踩地板」。
奸笑
奸笑

*2 史達林：蘇聯最高領導人（見119頁）。

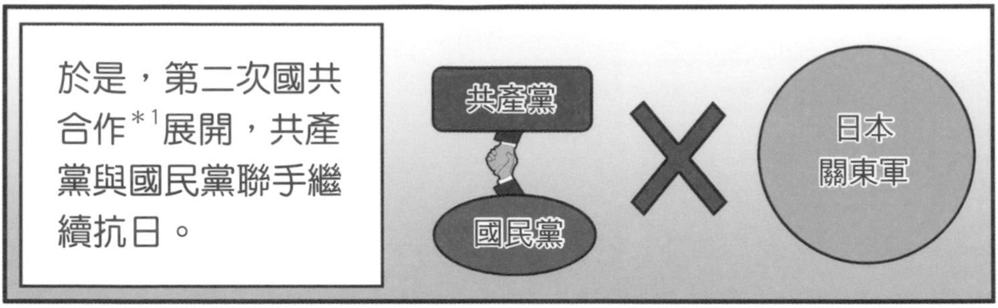
於是，第二次國共合作*1展開，共產黨與國民黨聯手繼續抗日。
共產黨
國民黨
日本
關東軍

國際聯盟（簡稱國聯）雖然承認日本擁有一定的權利，卻不承認滿州國為獨立國家，日本對於這點非常不服氣，遂於西元1933年退出國聯。
日本絕不可能接受這項公告！
西元1937年7月7日日本藉由發生在盧溝橋的小衝突*2，與中國展開全面戰爭。這場戰事最後擴大成太平洋戰爭。

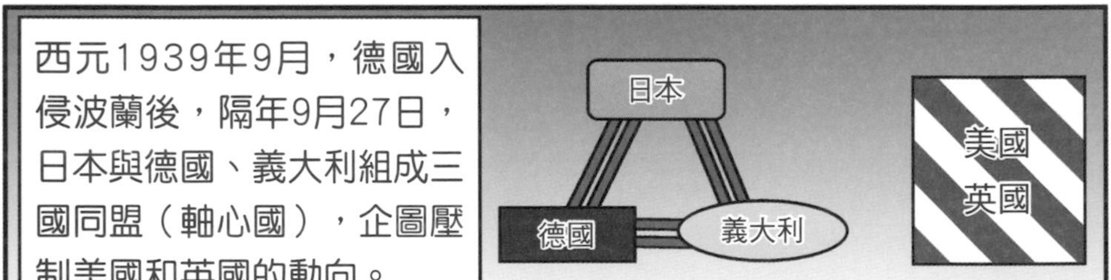
西元1939年9月，德國入侵波蘭後，隔年9月27日，日本與德國、義大利組成三國同盟（軸心國），企圖壓制美國和英國的動向。
日本
德國
義大利
美國
英國

西元1941年，日本占領法屬印度支那南部，美國決定對日本展開經濟制裁。
由於與中國作戰需要石油，而六成石油掌握在美國手中，於是日本與美國交涉，希望改善美日關係，但是……

小知識

西元1937年7月中日戰爭爆發後，因西安事變而展開的第二次國共合作於9月確立。隸屬共產黨的紅軍（中國工農紅軍）改稱八路軍，表面上受蔣介石的國民革命軍指揮，但在抗日戰爭中，國民黨與共產黨仍衝突不斷，因此也有意見認為沒有所謂的第二次國共合作。

*1 第二次國共合作齊心抗日，民族統一的路線成立。　*2 盧溝橋事變，又稱七七事變、七七盧溝橋事變。

這場交涉終究破局。日本於西元1941年12月8日奇襲駐紮在夏威夷歐胡島珍珠港的美軍，同時入侵英屬馬來半島。
結果，同時在中國和太平洋掀起戰爭的日本，與同時在東西戰線作戰的德國下場相同。
朕堪所難堪，
西元1945年8月15日
日本天皇透過廣播發表《終戰詔書》，並願意接受《波茨坦宣言》，無條件向同盟國軍隊投降，太平洋戰爭總算落幕。
忍所難忍……

小知識

第二次世界大戰結束前，日本昭和天皇在西元1945年8月15日親自透過廣播發表《終戰詔書》（播放唱片錄製的聲音），史稱「玉音放送」，幾乎所有日本國民都是首次聽到昭和天皇的聲音。

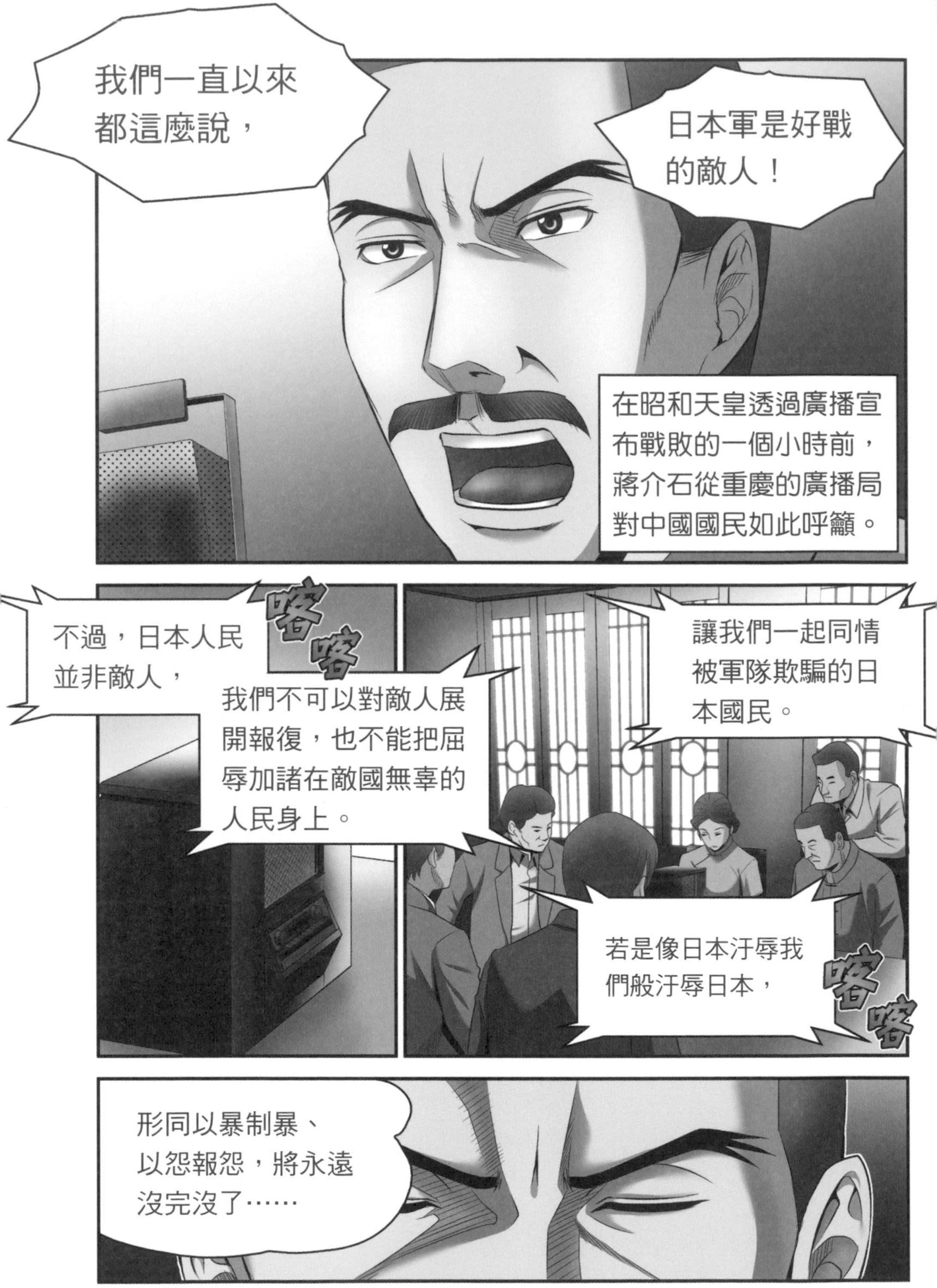
我們一直以來
都這麼說，
日本軍是好戰
的敵人！
在昭和天皇透過廣播宣
布戰敗的一個小時前，
蔣介石從重慶的廣播局
對中國國民如此呼籲。
不過，日本人民
並非敵人，
喀
喀
我們不可以對敵人展
開報復，也不能把屈
辱加諸在敵國無辜的
人民身上。
讓我們一起同情
被軍隊欺騙的日
本國民。
若是像日本汙辱我
們般汙辱日本，
喀
喀
形同以暴制暴、
以怨報怨，將永遠
沒完沒了……

這不是我們的目的！
共同的敵人日軍消失後，共產黨與國民黨一起討論中國在戰後的未來。
轟轟轟轟轟轟
但雙方隔閡太大，於西元1946年展開內戰。西元1948年，蔣介石就任中華民國總統，但在共產黨人民解放軍*攻擊下屈居劣勢。
加入共產黨人民解放軍的農民們視死如歸地作戰，因為他們相信進入共產黨的時代後，能夠擁有自己的土地。
哇啊啊啊啊啊啊

小知識

西元1945年日本戰敗後，隔年國民黨與共產黨再次爆發內戰。國民黨一開始占上風，但共產黨透過「土地改革」的宣傳活動將農民拉入陣營，情勢就此逆轉。共產黨占領主要城市後，在內戰中獲勝。

＊人民解放軍：西元1947年9月《中國人民解放軍宣言》發布，八路軍與新四軍（紅軍於華南地區重新編制的軍隊）改稱人民解放軍。

小知識

天安門是明清兩代的皇宮紫禁城（故宮）的正門。中央通道曾掛有國民黨蔣介石的肖像畫，共產黨贏得國共內戰後，改掛毛澤東的肖像畫。雖曾多次改掛不同的畫象，但現在仍高掛毛澤東的大幅肖像畫。

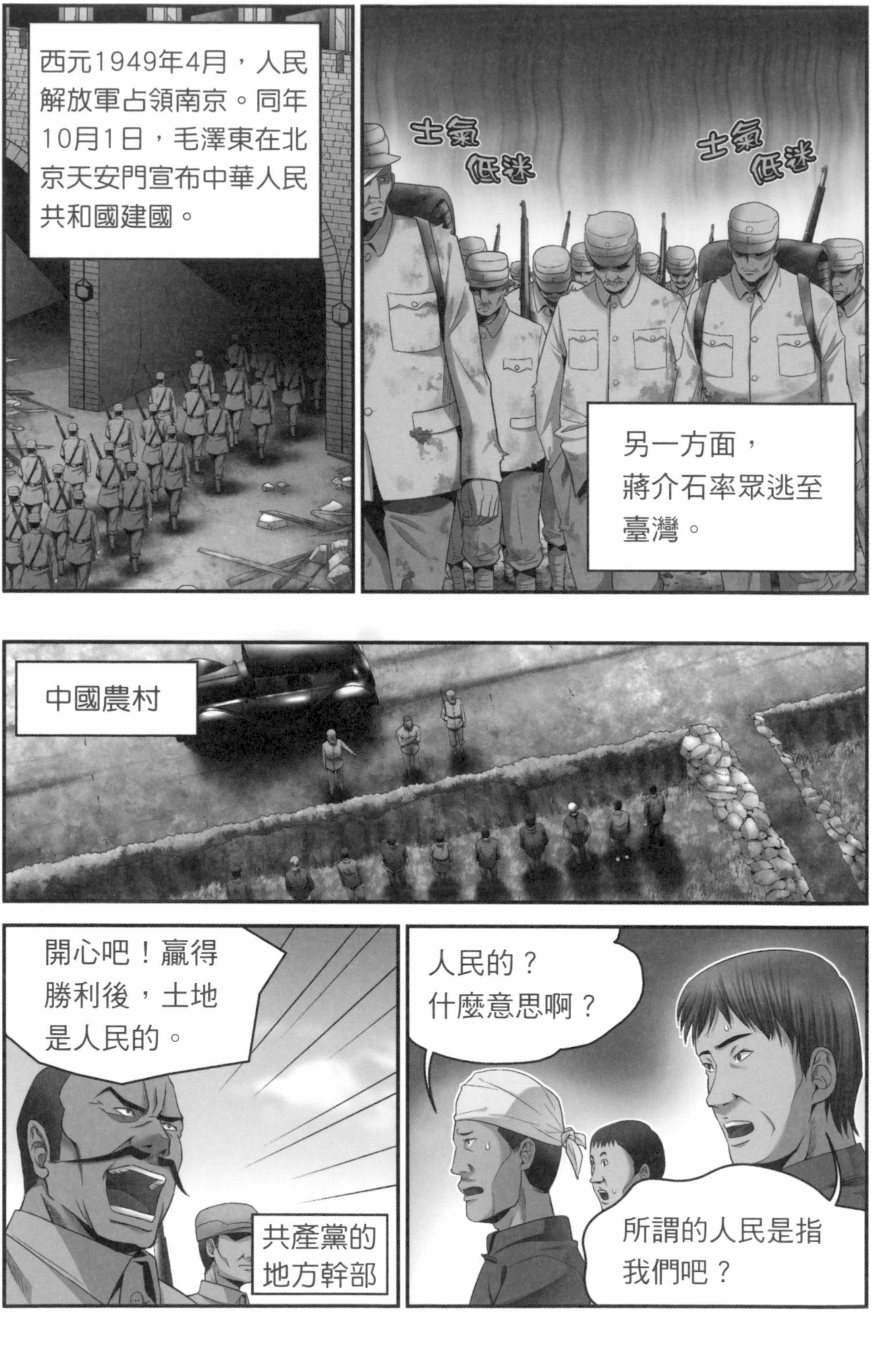
西元1949年4月，人民解放軍占領南京。同年10月1日，毛澤東在北京天安門宣布中華人民共和國建國。
士氣低迷
士氣低迷
另一方面，蔣介石率眾逃至臺灣。
中國農村
開心吧！贏得勝利後，土地是人民的。
共產黨的地方幹部
人民的？什麼意思啊？
所謂的人民是指我們吧？

聽著！
土地是人民的！
黨代表人民，
統一管理土地。
噗噗噗…
這與投身人民解放軍的農民所希望的完全不一樣。
就這樣，中國分成共產黨的中華人民共和國，以及在臺灣的中華民國政府。
中華人民共和國
臺灣
直至今日，仍處於兩個政府的分裂狀態。

小知識

在內戰落敗的蔣介石於西元1949年12月逃至臺灣，將臺北訂為中華民國政府臨時首都。中華人民共和國政府曾計畫武力犯臺，但因為介入西元1950年爆發的韓戰，不得不停止相關軍事行動。蔣介石得到美國支援後意圖「反攻大陸」，最後壯志未酬，於西元1975年辭世。

3 希特勒與納粹德國

惡魔、

怪物、

屠夫……

為西元20世紀帶來災難的怪物，

以人類的樣貌誕生了。

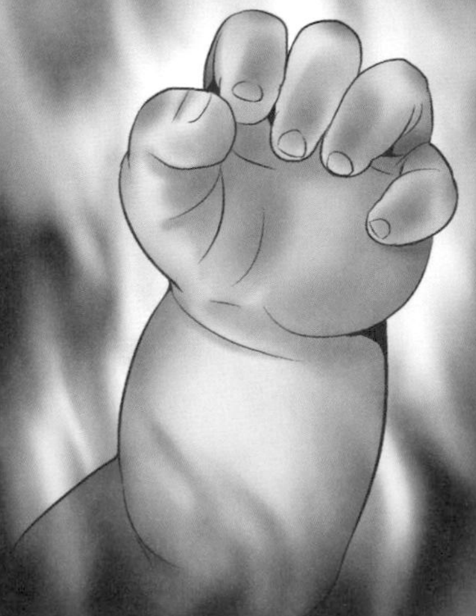

廣 告 回 函
臺灣北區郵政管理局 登記證第 14437 號
免 貼 郵 票

讀書共和國
BOOK REPUBLIC www.bookrep.com.tw

23141 新北市新店區民權路 108-2 號 9 樓

遠足文化事業股份有限公司 收

Little Bear Books
小熊出版

小熊出版給孩子
快樂的童年！

姓名：______________________

E-mail：______________________

地址：□□□□□______________________

____

電話：（O） （H）______________________

傳真：__________ 手機：__________

您好！我是小熊，
我最喜歡閱讀和交朋友了。
謝謝您購買這本書，讀完了以後，
是否喜歡呢？請您務必填寫這張小卡
和我作朋友吧！讓我更了解您，
為您介紹更多好書，一起
分享閱讀的樂趣。

小熊出版・讀者回函卡

1. 購買書名：＿＿＿＿

購自：□書店　□網路　□書展　□其他＿＿＿＿

2. 姓名：＿＿＿＿　年齡：＿＿＿＿歲

性別：□男　□女　出生日期：＿＿年＿＿月＿＿日

子女情形：□無　□子女＿＿人（年齡＿＿＿＿歲）

3. 職業：□製造業　□資訊科技業　□金融業　□服務業　□醫療保健　□傳播出版　□軍公教／若為教師，任教學校＿＿＿＿　□學生，就讀學校＿＿＿＿　□家管　□其他＿＿＿＿

4. 您在哪裡得知本書的訊息？（可複選）□書店　□網路　□電子報　□報紙雜誌　□廣播電視　□讀書會　□書展　□圖書館　□親友、老師推薦　□同學推薦　□故事志工推薦　□其他＿＿＿＿

5. 閱讀後，您對本書的評價：（請填寫編號 1 非常滿意 2 滿意 3 普通 4 不滿意 5 非常不滿意）□書名　□封面設計　□內容　□文筆　□價格　□字體大小　□版面編排　□插圖品質。不滿意說明：＿＿＿＿

6. 您通常如何購書？□書店　□網站　□學校團購　□書訊郵購　□大賣場　□郵購或劃撥　□參加活動

7. 您希望小熊出版社出版哪一種主題的兒童、青少年叢書？（可複選）□幼兒啟蒙　□圖畫書　□童話　□兒童小說　□青少年小說　□藝術人文　□歷史故事與傳記　□中外經典名著　□自然科學與環境教育　□其他＿＿＿＿

8. 您想給本書或小熊出版社的一句話是：

＿＿＿＿

＿＿＿＿

那個人被稱為獨裁者——
阿道夫・希特勒*。

* 阿道夫・希特勒（西元1889～1945年）：納粹德國總統（在任期間西元1934～45年）。身兼國家社會主義德國工人黨（納粹黨）黨魁、獨攬大權的總理與元首，引爆第二次世界大戰。

＊奧匈帝國（西元1867～1918年）：奧地利帝國與匈牙利王國各自擁有不同的政府與國會，但君主兼任奧地利皇帝與匈牙利國王，是軍事、外交、財政共享的國家，又稱為奧匈雙元帝國。第一次世界大戰敗北後瓦解。

西元1889年4月20日，阿洛伊斯・希特勒之子阿道夫・希特勒出生於奧匈帝國＊的小鎮布勞瑙。
阿洛伊斯辭去公務員一職後，帶著全家移居林茲的萊翁丁。

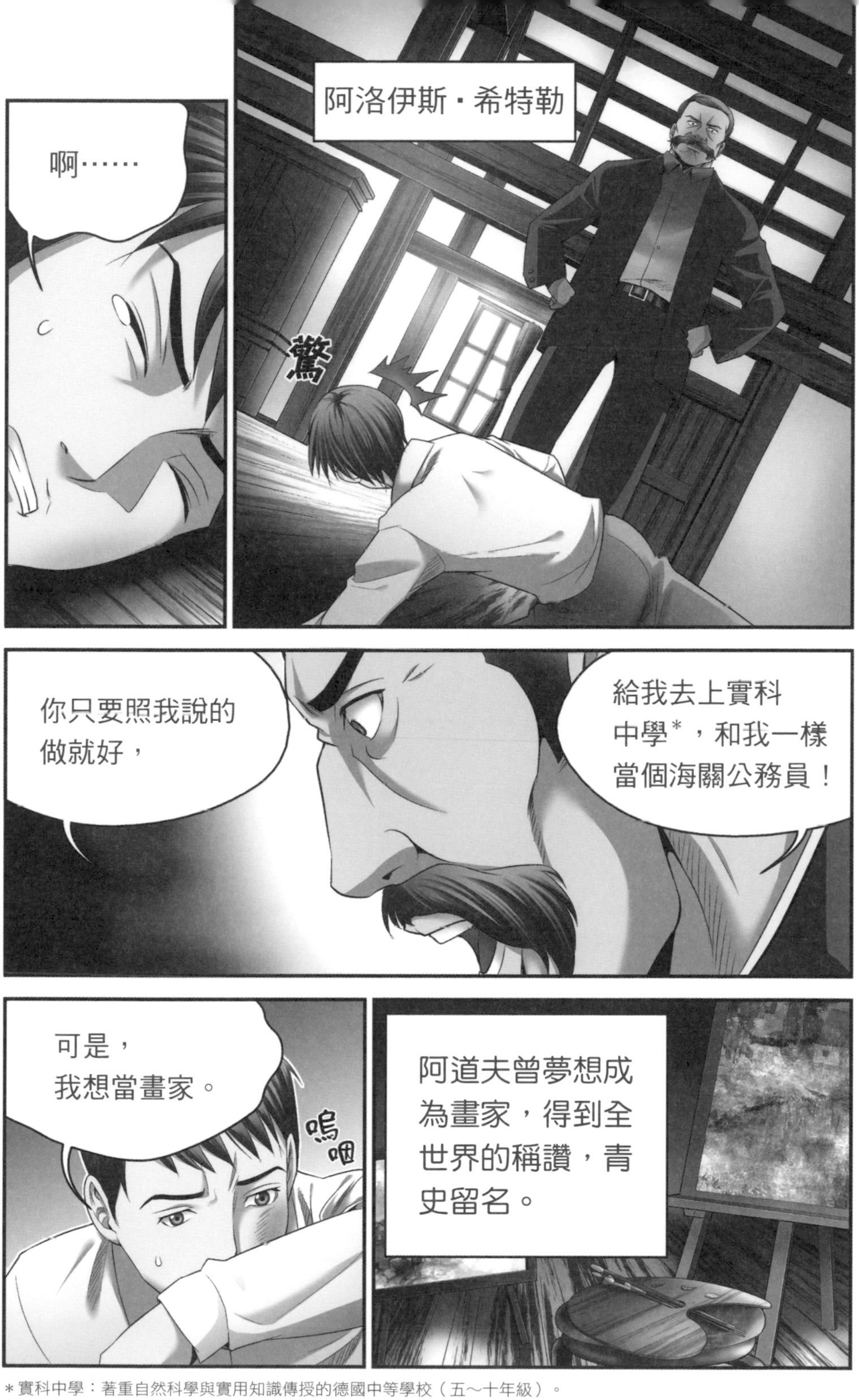
啊……
阿洛伊斯·希特勒
驚
你只要照我說的做就好，
給我去上實科中學*，和我一樣當個海關公務員！
可是，我想當畫家。
嗚咽
阿道夫曾夢想成為畫家，得到全世界的稱讚，青史留名。

小知識

希特勒有哥哥、姊姊、弟弟，卻都因為生病而夭折，只有小七歲的妹妹保拉（西元1896年1月出生）存活到西元1960年代，不過沒有留下確實紀錄。此外，他還有一位同父異母（父親前妻的兒子）的哥哥阿洛伊斯（與父親同名），但卻向成為政治家的希特勒寄送恐嚇信。

＊實科中學：著重自然科學與實用知識傳授的德國中等學校（五～十年級）。

小知識

就讀林茲國立實科中學時，希特勒擅長地理、歷史與畫圖，但數學、德語和法語成績卻很糟。十五歲轉校至施泰爾實科中學四年級，可是數學和語言學仍不及格，所以希特勒十六歲便放棄學業。

像你這種傢伙怎麼可能靠畫畫填飽肚子！
給我放棄那種無聊的夢想！
哼
結果，父親硬逼著小學畢業的阿道夫進入實科中學就讀。

數年後的西元1907年
藝術之都維也納
我才不會放棄夢想，我一定會成為藝術家讓父親瞧瞧！
首先要考上美術學院。
KADEMIE DER LDENDEN KÜNSTE
希特勒此時已經十八歲，父親阿洛伊斯也去世了＊。
幾天後，阿道夫收到考試結果。
啪
唰

＊西元1903年1月，希特勒十三歲時，阿洛伊斯去世，年僅六十五歲。據說，阿洛伊斯去世後，希特勒未曾提過父親的事。

小知識

維也納美術學院的考試在十月上旬舉辦，一年只考一次，希特勒報考的是一般繪畫科。為期兩天的考試以聖經故事「逐出樂園」和「諾亞洪水」為主題（考生有113名，合格者有28人）。無法接受自己落榜的希特勒要求校長做出解釋。

老師！
你叫我嗎？我記得你是今年的考生。

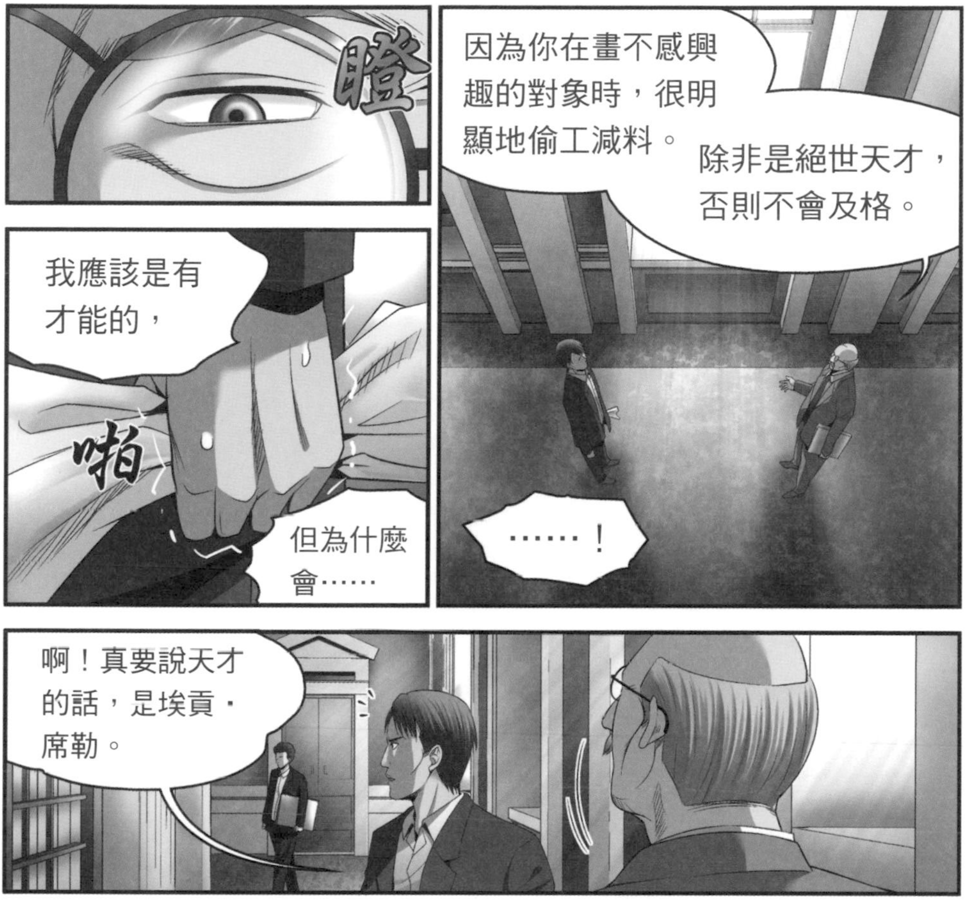
瞪
因為你在畫不感興趣的對象時，很明顯地偷工減料。
除非是絕世天才，否則不會及格。
我應該是有才能的，
啪
但為什麼會……
……！
啊！真要說天才的話，是埃貢．席勒。

去年以卓越成績及格的天才少年。
他的話，就沒有這個限制。
埃貢．席勒……我知道這個人，
哼
比我小一歲，聽說專畫頹廢藝術、病態圖，
被世人吹捧的無聊之徒。
意思是我不如他？

小知識

西元1906年進入美術學院的埃貢．席勒（西元1890～1918年），在西元1909年輟學，追求獨自的畫風，但在二十八歲畫家生涯正值顛峰之際去世。

如果連這點都看不出來，
你不僅沒有繪畫才能，
連觀賞繪畫的
才能都沒有。
請再挑戰
看看，
也請多了解一點
謙虛的道理。

小知識

西元１９０７年12月，希特勒的母親克拉拉因病亡故。親自為母親治療的醫生愛德華・布洛赫雖是猶太人，但在希特勒就任元首，開始迫害猶太人之後，卻護送布洛赫逃出奧地利。

你這種傢伙怎麼
可能靠畫畫填飽
肚子！
別說繪畫才能，
你連欣賞畫的才
能都沒有。
可惡！
啪
為什麼？

為什麼世界這麼不公平？
喀
那種畫病態畫的人為什麼可以得到認同？
為什麼我總是得不到認同？

小知識

希特勒在維也納待了五年三個月，全是失意和挫折的日子。不過，希特勒繼承了阿姨尤哈娜的遺產，並沒有為貧困所苦。

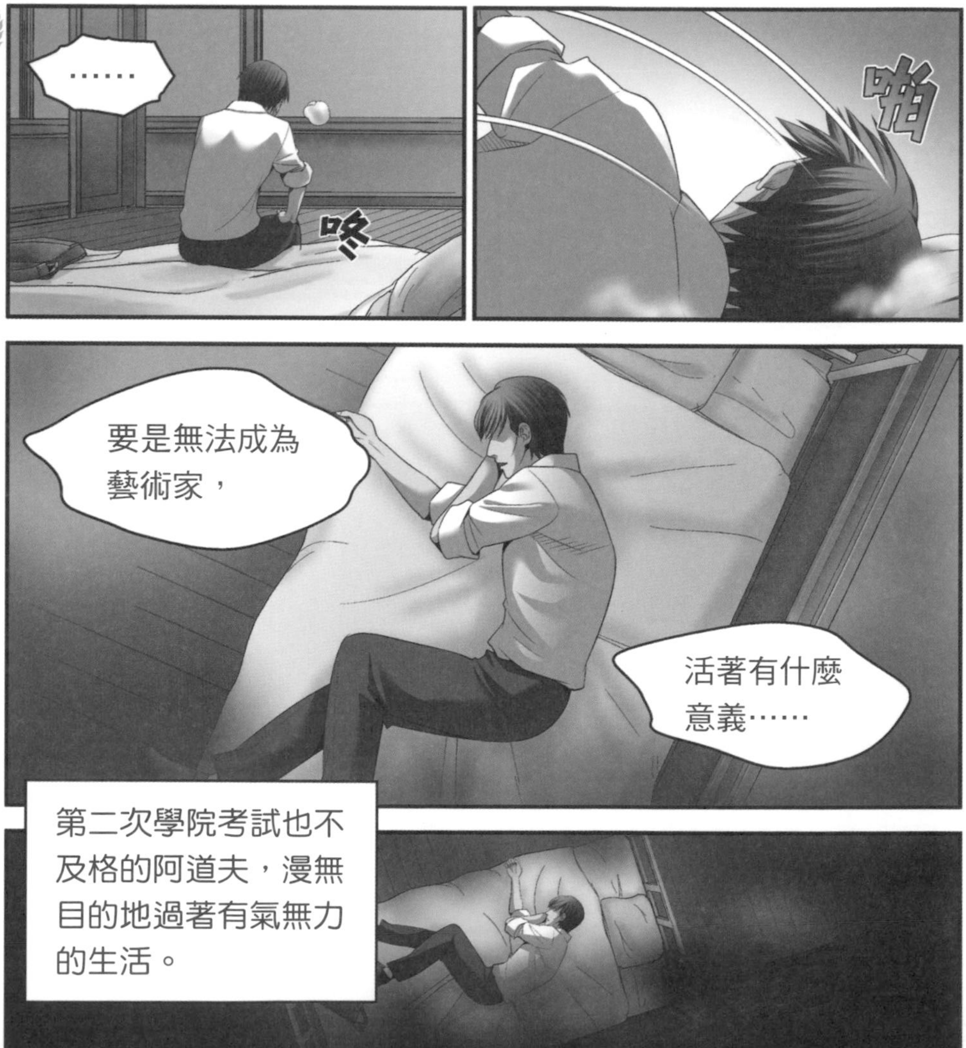
……
咚
啪
要是無法成為藝術家，
活著有什麼意義……
第二次學院考試也不及格的阿道夫，漫無目的地過著有氣無力的生活。

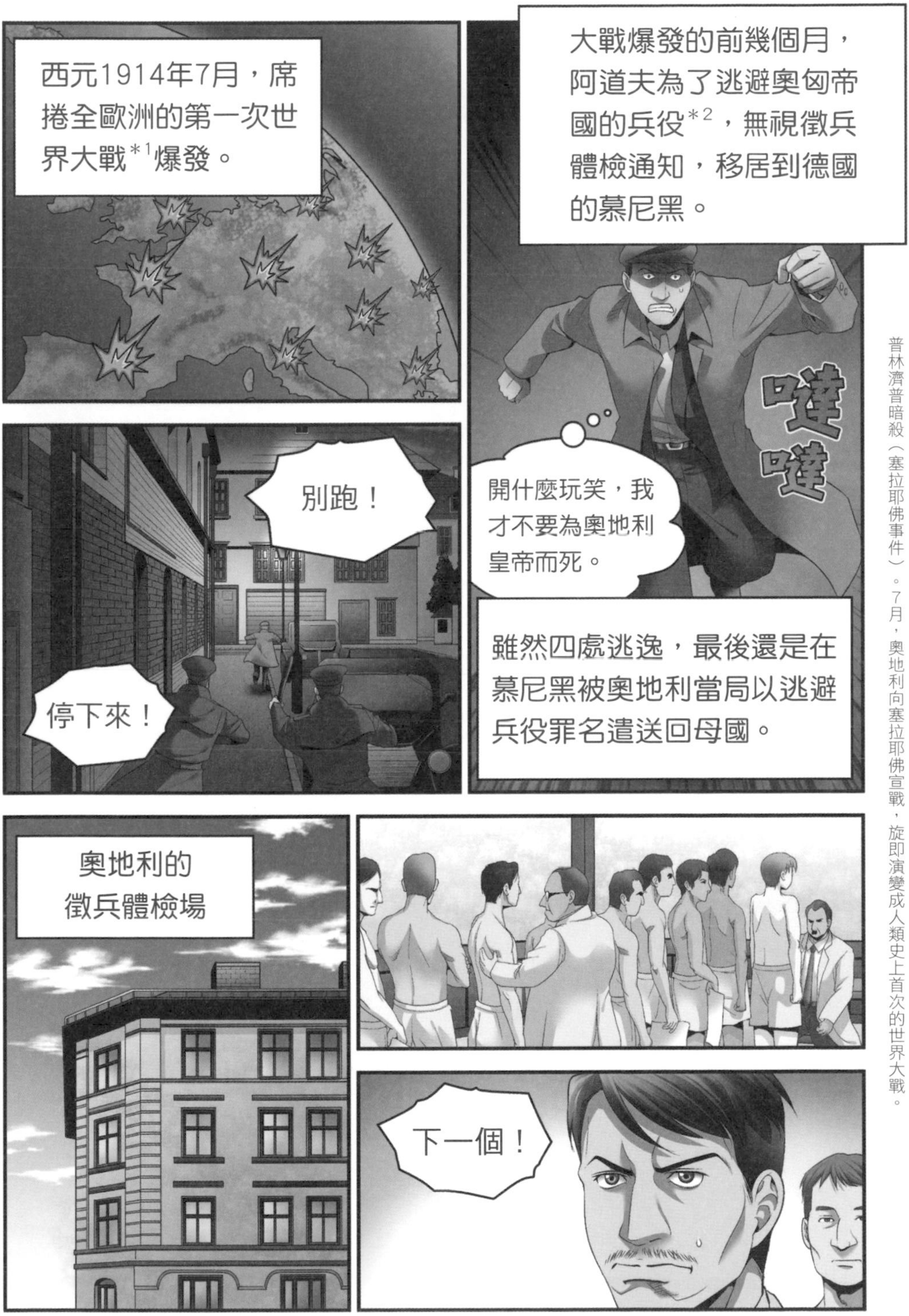
西元1914年7月，席捲全歐洲的第一次世界大戰*1爆發。
大戰爆發的前幾個月，阿道夫為了逃避奧匈帝國的兵役*2，無視徵兵體檢通知，移居到德國的慕尼黑。
別跑！
停下來！
開什麼玩笑，我才不要為奧地利皇帝而死。
噠噠
雖然四處逃逸，最後還是在慕尼黑被奧地利當局以逃避兵役罪名遣送回母國。
奧地利的徵兵體檢場
下一個！

*1 第一次世界大戰：西元1914年6月，奧匈帝國皇位繼承人法蘭茲・斐迪南大公與夫人在波士尼亞首都塞拉耶佛，被塞爾維亞青年普林濟普暗殺（塞拉耶佛事件）。7月，奧地利向塞拉耶佛宣戰，旋即演變成人類史上首次的世界大戰。

*2 兵役：徵兵制度。政府強制人民從軍的制度。

嗯、嗯
……
撲通
撲通
撲通
撲通
不合格！
你這傢伙真
走運。
？
我連當兵的資格
都沒有嗎？
阿道夫的抗拒心理就此點燃。之後他為了以德國士兵的身分參戰，志願進入第一巴伐利亞預備步兵團第十六連隊*1擔任傳令兵*2。
可惡！

小知識

「身體虛弱，不適合戰鬥與後勤，免役」的檢查結果，給希特勒重重一擊。國籍為奧地利，卻希望成為德國士兵的他，向德意志帝國的組成國之一巴伐利亞王國提出請願，加入預備步兵團第十六連隊。

*1 預備步兵團第十六連隊：一開始以連長之名命名為「李斯特連隊」。 *2 傳令兵：負責與其他部隊聯繫的士兵。

噠
噠
噠
砰
傳令！傳令！
砰
砰
砰
砰砰砰
從司令部傳來命令！
咻
咻
咻
咻
咻
咻
咻
!?
砰砰！

*1 索姆河戰役：在法國北部索姆河畔爆發的戰役，是第一次世界大戰中最大的戰役。負傷的希特勒進入柏林近郊的陸軍醫院療傷，出院後被重新編制到巴伐利亞步兵團連隊第七補充兵大隊。

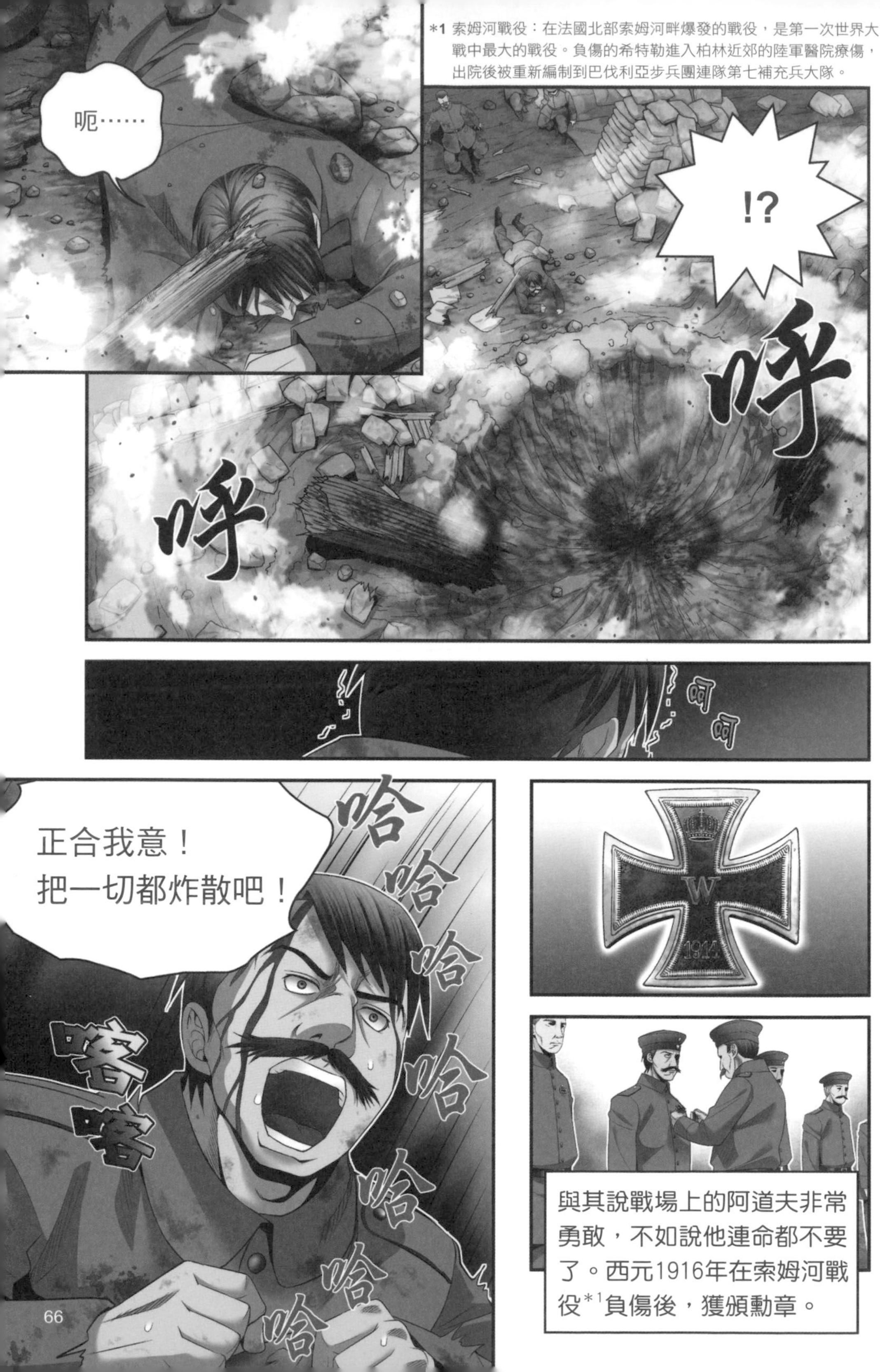

!?
呃……
呼
呼
呵呵
哈哈哈哈哈哈
正合我意！
把一切都炸散吧！
喀喀
與其說戰場上的阿道夫非常勇敢，不如說他連命都不要了。西元1916年在索姆河戰役*1負傷後，獲頒勳章。

小知識

希特勒得到第一級鐵十字勳章、第二級鐵十字勳章、第三級軍事功勞十字勳章、連隊獎狀、第三級服務勳章。不過，終戰時的階級仍只是兵長（上等兵）。

回歸戰場的他，西元1918年被毒氣所傷。
我會死！
會死！
撲通 撲通
哈 哈 哈 哈 哈
撲通 撲通
哈哈，總算能結束無意義的人生了。
撲通 撲通
撲通 撲通

醫院

西元1918年，德國戰敗，與協約國議和。
居然沒死成。
阿道夫躺在病床上聽到停戰的消息。德意志帝國皇帝威廉二世被流放，德意志帝國瓦解，改制為共和國。西元1919年6月，協約國與德國簽訂《凡爾賽條約》*2。

*2 和約簽訂後，德國的許多領土被剝奪，並被迫放棄海外殖民地，同時必須支付大筆賠款及削減軍備。

西元1919年9月，第一次世界大戰結束，阿道夫接到軍方潛入政治團體當間諜的命令。
戰爭結束後，阿道夫選擇留在軍中，因為只有軍隊認同他。
德國工人黨*1（DAP）的集會所*2
這一天，阿道夫監控德國工人黨黨魁安東・德萊克斯勒*3。
哼
一群只會高談闊論，沒為國家做出任何貢獻的愚昧之輩。
喧譁
喧譁
喧譁
喧譁
喧譁
喧譁
我能混入這些傢伙之中嗎？

*1 德國工人黨：西元1919年1月，由安東・德萊克斯勒與查理・哈勒創立的政治團體，簡稱DAP。哈勒後來脫黨。*2 集會所：德國工人黨將史登涅克布勞啤酒館當成集會所。

*3 安東・德萊克斯勒（西元1884～1942年）：創立國家社會主義德國工人黨（NSDAP）的前身德國工人黨（DAP）。希特勒成為NSDAP新黨魁後，安東成為名譽黨魁，在黨內並無實權。西元1934年，從希特勒手中得到創黨勳章。

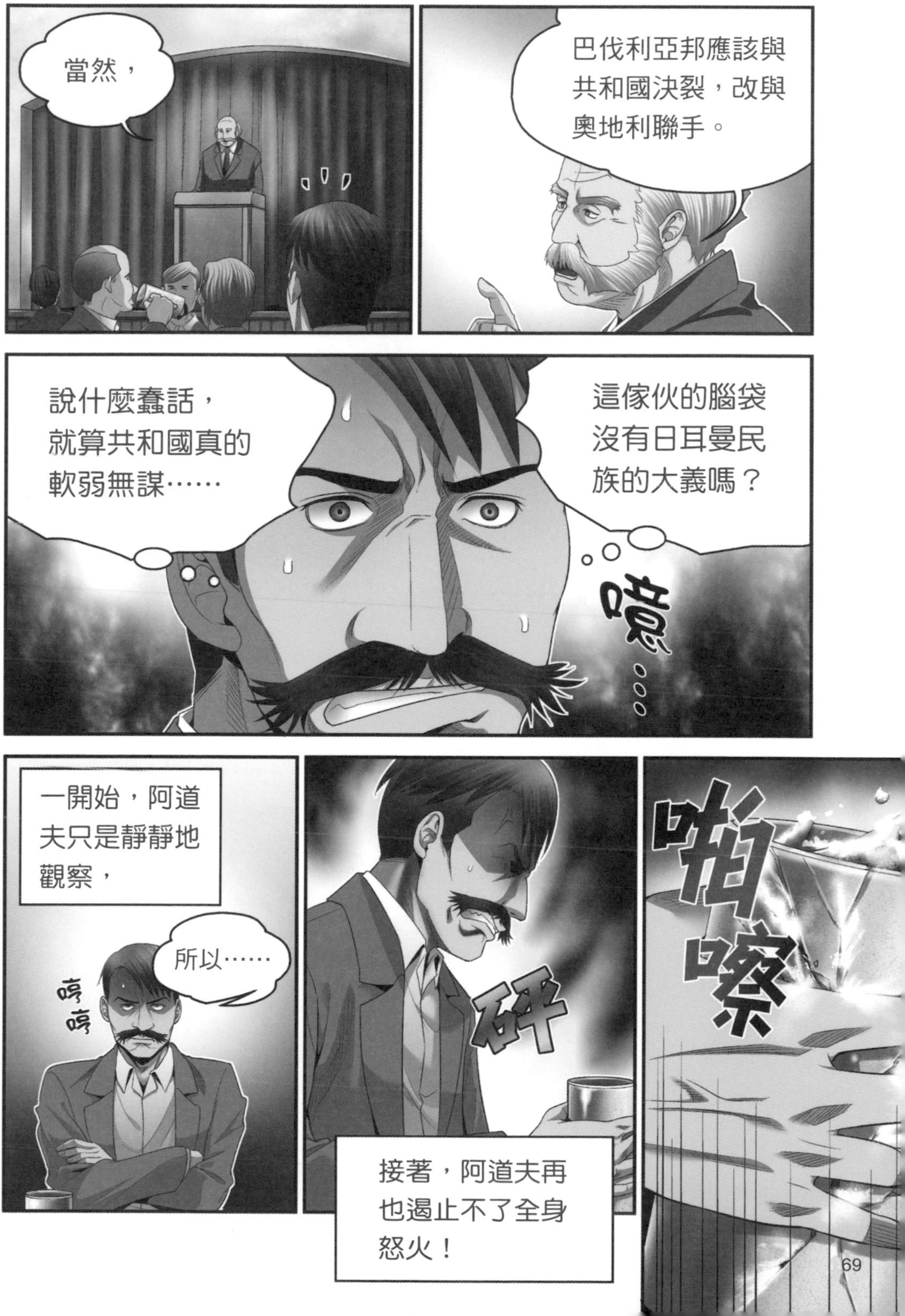

當然，
巴伐利亞邦應該與共和國決裂，改與奧地利聯手。
說什麼蠢話，就算共和國真的軟弱無謀……
這傢伙的腦袋沒有日耳曼民族的大義嗎？
噫……
一開始，阿道夫只是靜靜地觀察，
所以……
哼哼
砰
接著，阿道夫再也遏止不了全身怒火！
啪嚓

唰
你做什麼？
啪
滾開！
咚
咚
各位，你們忘記奧地利在大戰期間做了什麼好事嗎？
吼
!?

連累祖國，
奪走年輕人性命的
是哪個皇帝？
吼
卑鄙的法蘭茲・約瑟夫一世*掀起戰爭，被迫負起責任的卻是我們！
給那些傢伙好臉色看，只會重蹈覆轍！
賣力
那個人利用骯髒的政治手段愚弄德國，絕對不可信任！
對、
對啊！
哇
他說的對！

＊法蘭茲・約瑟夫一世（西元1830～1916年）：奧匈帝國的奧地利皇帝與匈牙利國王（在位期間西元1848～1916年）。塞拉耶佛事件中被暗殺的法蘭茲・斐迪南大公（西元1863～1914年）的伯父。西元1916年11月，第一次世界大戰結束前辭世。

小知識

參加德國工人黨（DAP）集會的希特勒，因上臺發表意見得到德萊克斯勒的青睞，被邀請參加下一次集會。希特勒在10月16日的集會上首次演講，發揮了雄辯才能，黨因此得到三百馬克的捐款。希特勒考慮過後，10月19日加入德國工人黨，拚命舉辦演講。

喔喔喔喔喔
對！對！
那位是？
好像是新黨員。
DAP黨魁
安東・德萊克斯勒
那個人的演講有吸引人的魅力。
奸笑
西元1919年10月，阿道夫成為DAP黨員，在各地集會演講。
阿道夫的演講吸引許多人前來，DAP的黨員也不斷的增加，於是西元1920年，德國工人黨將黨名改成——

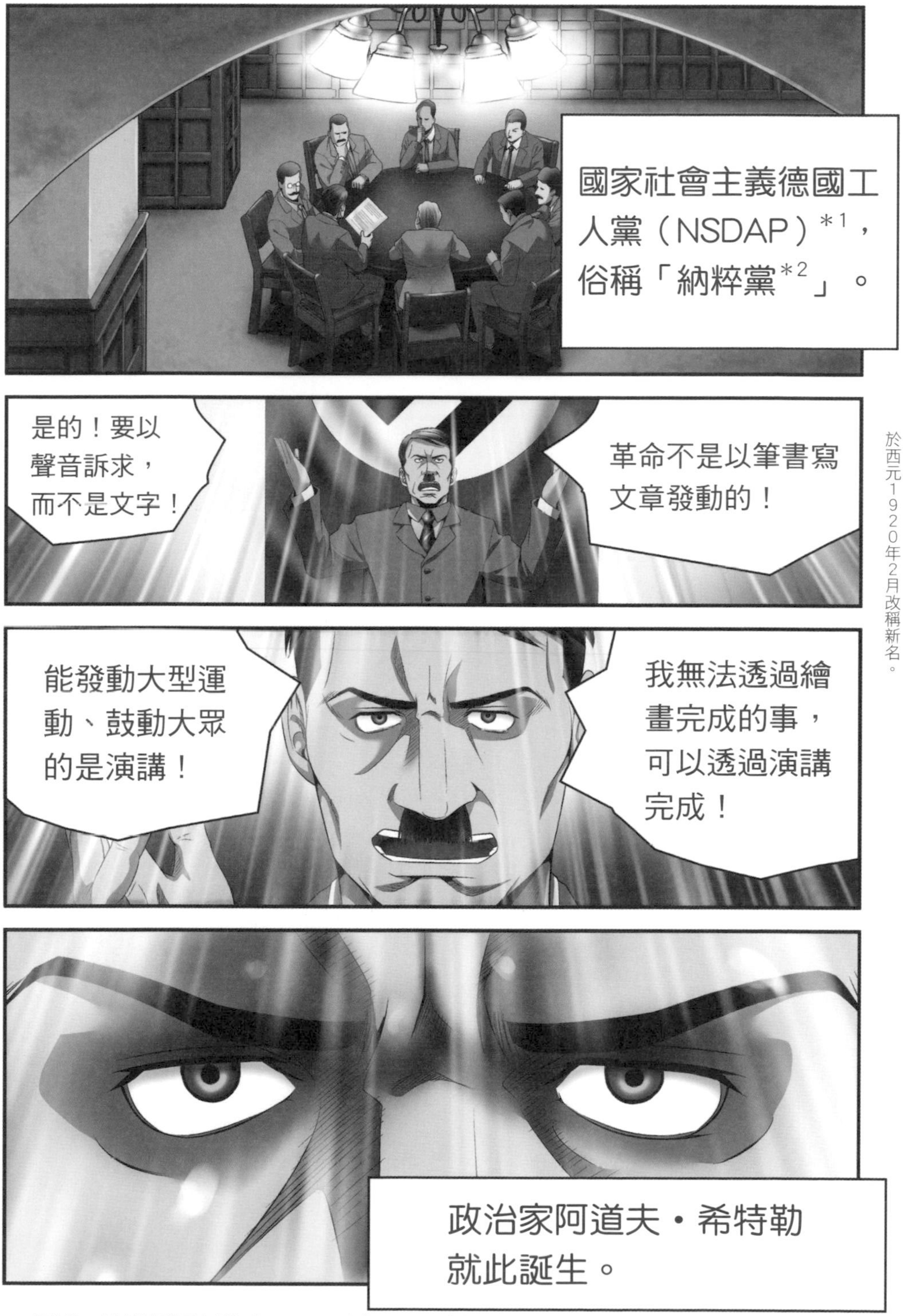
國家社會主義德國工人黨（NSDAP）*1，俗稱「納粹黨*2」。
革命不是以筆書寫文章發動的！
是的！要以聲音訴求，而不是文字！
我無法透過繪畫完成的事，可以透過演講完成！
能發動大型運動、鼓動大眾的是演講！
政治家阿道夫・希特勒就此誕生。

*1 國家社會主義德國工人黨（NSDAP）：希特勒握有德國工人黨（DAP）實權後，主張更改黨名，於西元1920年2月改稱新名。

*2 納粹黨：希特勒與黨員自稱為「NSDAP」或「NS」，但其他國家則稱他們為納粹黨，納粹黨員與納粹相關組織的成員則被稱為納粹（Nazis）。「納粹」是德語「國家社會主義」的音譯縮寫。

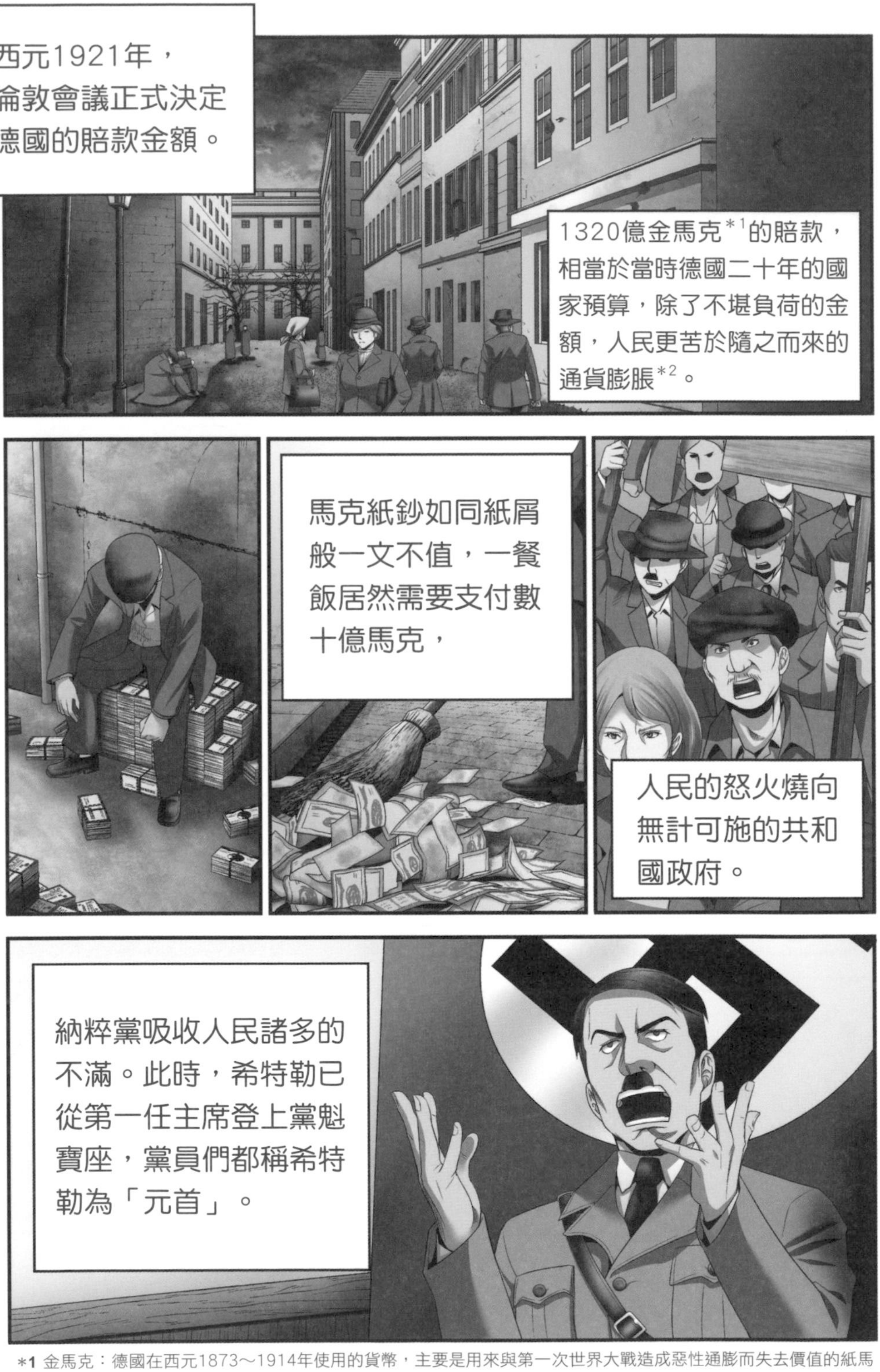
西元1921年，
倫敦會議正式決定
德國的賠款金額。
1320億金馬克[*1]的賠款，相當於當時德國二十年的國家預算，除了不堪負荷的金額，人民更苦於隨之而來的通貨膨脹[*2]。
馬克紙鈔如同紙屑般一文不值，一餐飯居然需要支付數十億馬克，
人民的怒火燒向無計可施的共和國政府。
納粹黨吸收人民諸多的不滿。此時，希特勒已從第一任主席登上黨魁寶座，黨員們都稱希特勒為「元首」。

小知識

希特勒演講不會使用艱澀的詞彙，而是不斷重覆具體的口號和製造共同的敵人，然後呼籲民眾團結，其中最明顯的特徵，就是以誇張的肢體動作和手勢吸引聽眾的視線。有時他會故意遲到，藉此煽動聽眾的期待感。民眾無不為了如此巧妙的演講瘋狂。

＊1 金馬克：德國在西元1873～1914年使用的貨幣，主要是用來與第一次世界大戰造成惡性通膨而失去價值的紙馬克區別的名稱。西元1914年8月4日，停止紙馬克兌換（交換）黃金，並從這天開始改用金馬克。德國的戰敗賠款也被要求以金馬克支付。　**＊2** 通貨膨脹：簡稱通膨，指物價（商品價格）持續飆漲的經濟現象。

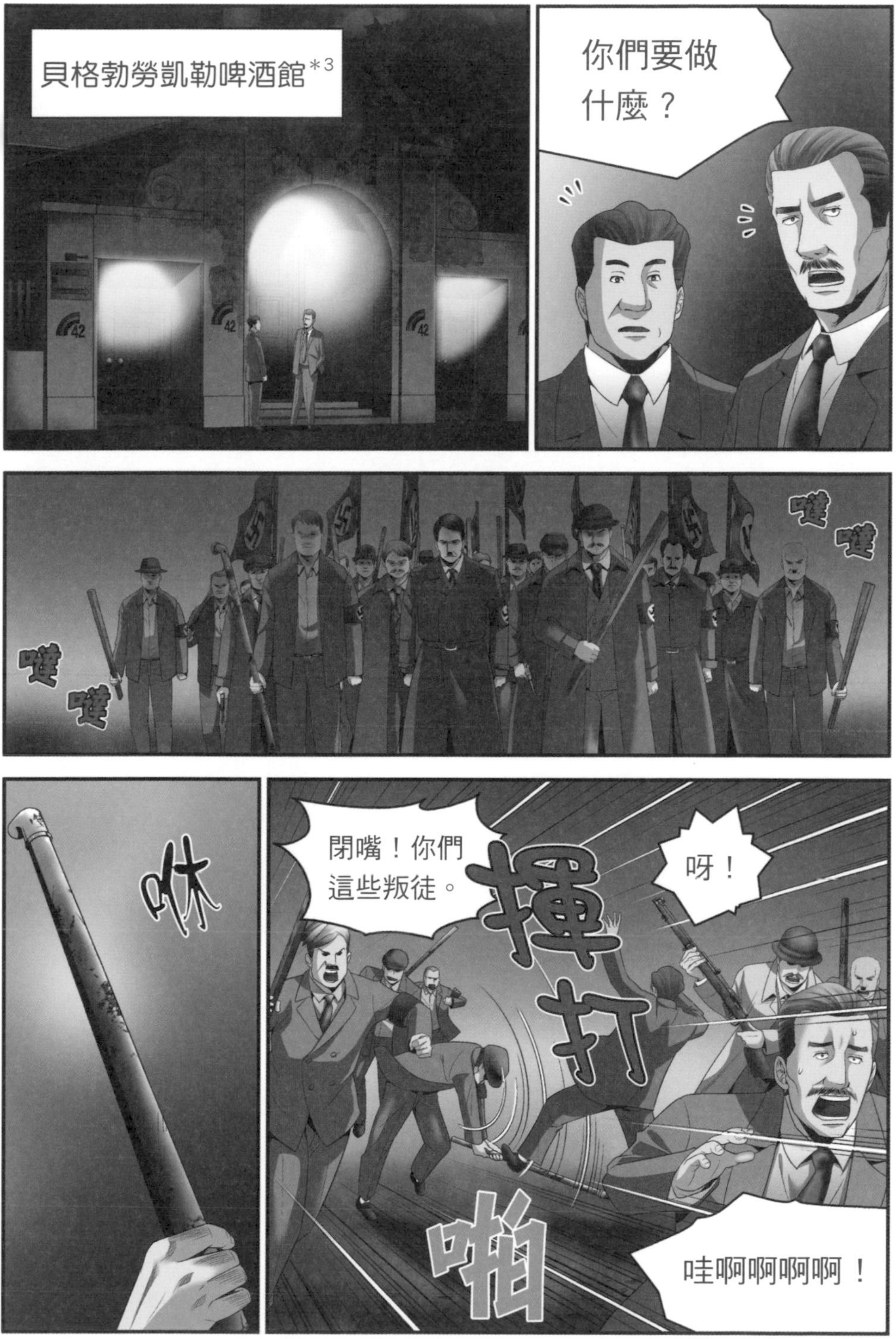
貝格勃勞凱勒啤酒館*3
你們要做什麼？
噠噠
噠噠
咻
閉嘴！你們這些叛徒。
呀！
揮打
啪
哇啊啊啊啊！

小知識

這個時代的德國經常發生政黨集會與演講時被其他政黨闖入的情況。西元1919年11月，納粹黨成立了會場秩序維護隊，保護自己的集會與攻擊其他政黨。這個部隊歷經「整理隊」、「體育運動隊」的名稱後，在西元1921年9月改為「衝鋒隊（SA）」。

*3 貝格勃勞凱勒啤酒館：慕尼黑啤酒釀造廠經營的大型啤酒館，規模可容納一千八百人，成為各種勢力的政治集會場所。除此之外，皇家啤酒屋、埃伯爾啤酒屋、勒文布羅伊凱勒啤酒屋和獅牌啤酒屋都是納粹的集會所。

小知識

啤酒館政變僅一天就被鎮壓，希特勒也被逮捕，納粹黨一時呈現瓦解狀態。經過這次經驗，希特勒改變戰術，不再採取暴力起義的手段，改在民主政治框架內的合法手段獲得政權，最後納粹黨贏得選戰，掌握了政權。

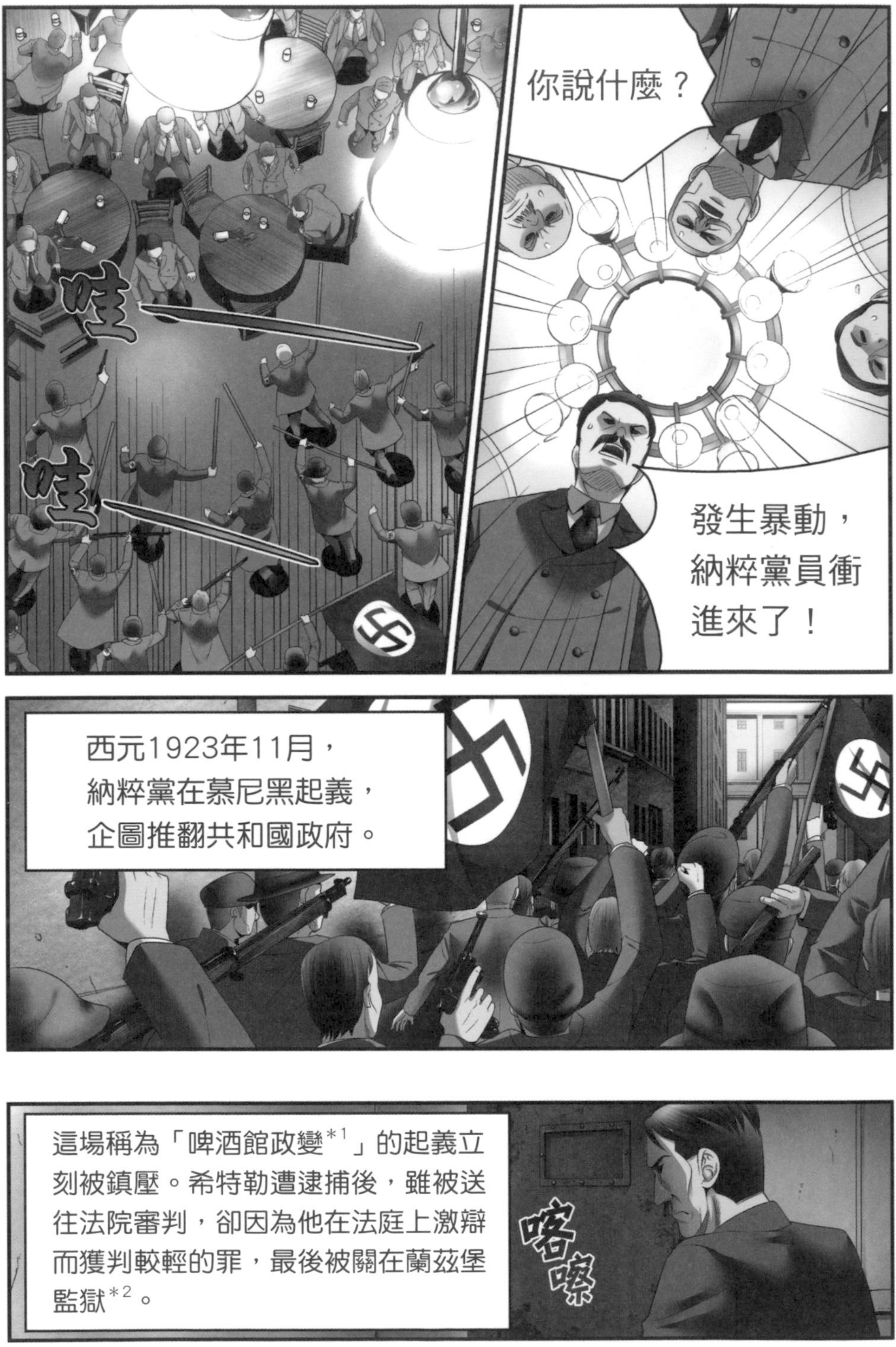
哇
哇
你說什麼？
發生暴動，納粹黨員衝進來了！
西元1923年11月，納粹黨在慕尼黑起義，企圖推翻共和國政府。
這場稱為「啤酒館政變*1」的起義立刻被鎮壓。希特勒遭逮捕後，雖被送往法院審判，卻因為他在法庭上激辯而獲判較輕的罪，最後被關在蘭茲堡監獄*2。
喀嚓

*1 啤酒館政變：在德國又稱「啤酒館暴動」或「慕尼黑政變」。納粹黨獲得政權後，將啤酒館政變定為紀念日，每年11月9日希特勒都會在貝格勃勞凱勒啤酒館演講。　*2 蘭茲堡監獄：位於巴伐利亞邦西南方蘭茲堡的監獄。雖是坐牢，但待遇不差，可自由地面會和接受慰問品。八個月後，希特勒在西元1924年12月獲得假釋。

希特勒在獄中以口述方式，讓後來成為納粹黨副元首的魯道夫・赫斯*3記下自己的想法。
後來，這份原稿以《我的奮鬥》一書出版。
Mein Kampf
Eine Abrechnung
von
Adolf Hitler
貝格勃勞凱勒啤酒館

小知識

《我的奮鬥》在第二次世界大戰結束前銷售了近一千萬本。由於希特勒政權推動「一家一本」的運動，所以會有如此銷量，據說很少有人實際讀過。

*3 魯道夫・赫斯（西元1894～1987年）：希特勒非常信賴的祕書，最後成為納粹黨的副元首。第二次世界大戰爆發後，因戈林（見116頁）失去希特勒信任，而被指定為元首的繼任者。西元1941年5月，赫斯為了談和，獨自一人駕駛戰鬥機飛往英國，結果卻被俘虜。

小知識

希特勒入黨後，納粹黨開始舉辦收費性公開集會。約西元1930年，以德國各地啤酒館為會場的演講吸引了數萬聽眾，獲得資本家不少捐款。以儉樸生活為號召的希特勒，其實過著富裕的生活。

出獄後的希特勒為了重建式微的納粹黨，拚命地舉辦演說。
察覺希特勒是危險人物的巴伐利亞邦政府禁止他繼續演講，但是他避開被禁止的地方繼續活動。
而且為了維持演講秩序，組織了親衛隊（SS）*1。
此時，重新振作的德國經濟，因為經濟大恐慌的影響跌入谷底。
但這對納粹黨而言，無疑是一股順風。
希特勒與人民約定奪回日耳曼民族的過去榮光，並明確指出誰是敵人，得到了民眾支持。

*1 親衛隊（SS）：西元1925年組成，專門保護希特勒的組織。納粹黨獲得政權後，併入德國警察組織，納粹德國的治安與諜報機構都納入親衛隊之下。西元1934年更設立專屬軍事組織「武裝親衛隊（Waffen-SS）」，但該組織不屬於德國軍隊，而是納粹黨的私人軍隊。

被希特勒假設為「敵人」的，是德國境內的猶太人。
Jude
失業勞工們把自己的不幸怪在猶太人頭上。希特勒進一步煽風點火，將猶太人形容為窩裡反的叛徒。

西元1932年，
納粹黨透過選舉成為第一大黨。

西元1933年，
總統興登堡*2任命阿道夫・希特勒為總理，隔年辭世。
希特勒透過公民投票，以民主方式正式成為元首（等同於總統），兼任總理。

小知識

在具有貴族傳統的德國，若非大學畢業或曾擔任軍隊軍官，就無法成為總理。希特勒是第一個沒有大學學歷卻一路扶搖直上，成為總理的政治家。

*2 興登堡（西元1847～1934年）：全名為保羅・馮・興登堡。活躍於第一次世界大戰的軍人，德國的國家英雄。威瑪共和國（俗稱當時實施共和政體的德國）第二任總統（在任期間西元1925～34年）。

*1 凱撒（西元前100～前44年）：尤利烏斯・凱撒，羅馬共和國政治家、軍人。 *2 墨索里尼（西元1883～1945年）：義大利政治家，創立法西斯黨，崇尚獨裁權力。 *3 戈培爾（西元1897～1945年）：約瑟夫・戈培爾，與馬丁・鮑曼並稱希特勒最忠心的親信。納粹黨獲得政權後，希特勒為他設立了國民教育與宣傳部。

*4 屋大維（西元前63～後14年）：蓋烏斯・屋大維・圖里努斯。讓羅馬實質上進入帝政的政治家。
*5 林肯（西元1809～65年）：亞伯拉罕・林肯，第十六任美國總統（在任期間西元1861～65年）。指揮北軍於南北戰爭中獲勝。美國史上第一位被暗殺的總統。

羅馬的凱撒*1、法國的拿破崙、義大利的墨索里尼*2……獨裁者通常在民眾的狂熱中誕生。
哇——
哇——
哇——
哇——
哇——
看啊！戈培爾*3，
哇——
哇——
哇——
戈培爾

那些對我執筆畫的藝術不屑一顧的民眾，如今多麼為我所說的話陶醉。
凱撒和屋大維*4透過演講，讓羅馬人民為之瘋狂；歷代教宗透過演講，使騎士們前往聖地；林肯*5也是利用相同方法，讓國民彼此作戰。

只有演講才能推動歷史巨輪！
才能創造英雄！
睜
大
希特勒萬歲！
希特勒萬歲！
希特勒萬歲！

希特勒不承認讓德國沒落的《凡爾賽條約》，透過公民投票取回被迫併入法國的薩爾地區，西元1936年更派軍進駐萊茵蘭*6。
德國
萊茵蘭
薩爾地區

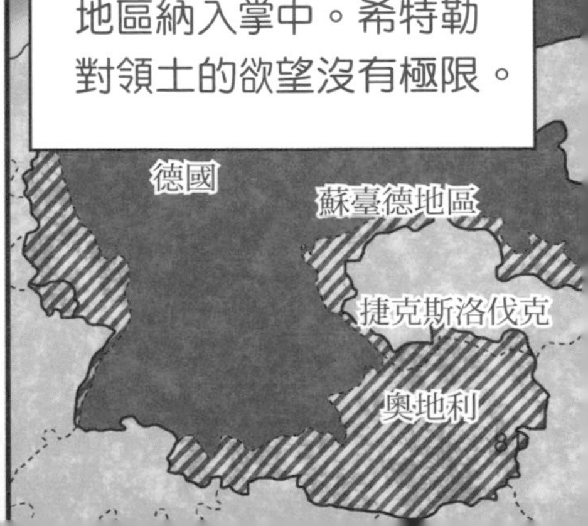
西元1938年3月，德國透過投票併吞奧地利。10月將捷克蘇臺德地區納入掌中。希特勒對領土的欲望沒有極限。
德國
蘇臺德地區
捷克斯洛伐克
奧地利

*6 萊茵蘭：德國西部萊茵河沿岸地區，被《凡爾賽條約》劃定為非武裝地帶。

小知識

西元1938年11月9日晚上，德國各地發生反猶太主義暴動，猶太人的住宅、商店和猶太會堂（猶太教的集會所）紛紛被砸毀、放火，甚至有猶太人被圍毆至死，但警察卻不取締這些暴動。被砸碎的窗戶玻璃倒映著皎潔的明月，讓這場暴動被稱為「水晶之夜」。

緊接著，在德國國內
——11月　猶太人街
噠
噠
猶太人，
滾出德國！
哇
猶太人，
去死吧！
砸爛他們
的家！
轟
轟
轟

民眾若希望這樣，就讓他們實現願望吧！
這就是我們的使命！

我是被國民選中的人，得到國民支持才登上元首的位子！
如果這就叫獨裁，那麼美國總統與英國首相都是獨裁者！
哈哈哈哈哈哈
希特勒將捷克剩下的地區納為保護領土之後，與蘇聯的史達林締結密約，西元1939年9月1日攻入波蘭。
對戰爭採取「綏靖政策*」的英法兩國在幾天後向德國宣戰。第二次世界大戰就此展開序幕。

*綏靖政策：又稱姑息政策。對於態度強硬的大國睜一隻眼閉一隻眼，避免發生衝突的政策。

4 第二次世界大戰與邱吉爾

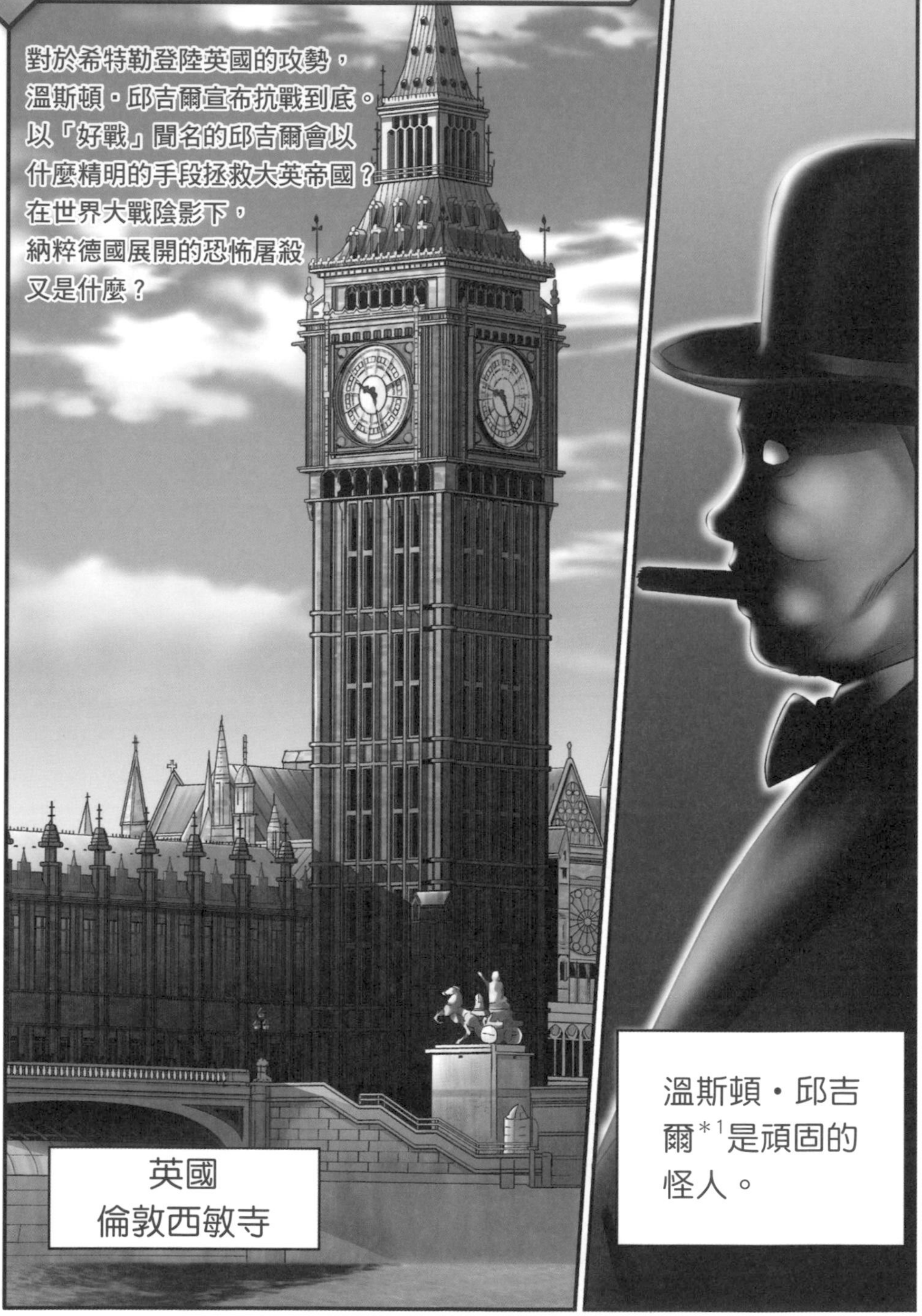
對於希特勒登陸英國的攻勢，
溫斯頓・邱吉爾宣布抗戰到底。
以「好戰」聞名的邱吉爾會以
什麼精明的手段拯救大英帝國？
在世界大戰陰影下，
納粹德國展開的恐怖屠殺
又是什麼？
英國
倫敦西敏寺
溫斯頓・邱吉爾*1是頑固的怪人。

小知識

溫斯頓・邱吉爾的學校成績不太好，桑德赫斯特皇家軍事學院考了三次才上榜。不過，邱吉爾非常適應軍事學院的教育，畢業考成績在一百三十人中名列第二十名。之後被分派到輕騎兵連隊，曾於印度與蘇丹作戰。

*1 溫斯頓・邱吉爾（西元1874～1965年）：英國首相（在任期間西元1940～45、1951～55年）。 *2 甘地（西元1869～1948年）：以非暴力不合作運動讓印度脫離英國統治的政治領袖。印度人民尊稱為「聖雄」，原意是「偉大的靈魂」。

*3 愛德華八世（西元1894～1972年）：英國國王（在位期間西元1936年）。與離過婚的美國女性華里絲．辛普森（西元1896～1986年）談了一場「賭上王冠的戀愛」，即位不到一年便退位。　*4 張伯倫（西元1869～1940年）：全名為亞瑟．內維爾．張伯倫。保守黨的英國首相（在任期間西元1937～40年）。對德國實施綏靖政策，西元1938年9月的慕尼黑會議上，與法國總理達拉第決定一同對德國讓步。

嚴格取締勞工運動；討厭訴求印度獨立的甘地*2；
不—
嗯！
讓與美國女性結婚而喪失王位的皇子愛德華八世*3留在王位上；
不—
指責對德國步步退讓的張伯倫*4內閣。
不—
不—
不—
不—
不—
除了政敵自由黨之外，他所屬的保守黨對他也很頭痛。

小知識

西元1915年3月，在第一次世界大戰時擔任海軍大臣的邱吉爾成立了陸上軍艦委員會，目的是開發能突破崎嶇地勢和壕溝（士兵在地面挖掘的洞穴或溝渠，以避免被槍炮攻擊）的裝甲車，現代坦克車的原型「馬克1型」因此誕生。

但是到了第二次世界大戰，英國向德國宣戰後，首相張伯倫不得不讓人稱「好戰」的邱吉爾入閣。
因為邱吉爾在第一次世界大戰中稱職地擔任海軍大臣，並以開發坦克車*聞名。
開戰之初英國屈居劣勢，張伯倫引咎下臺後，邱吉爾於西元1940年繼任首相。此時的邱吉爾已經六十五歲，比希特勒年長十四歲。
喀

＊坦克車：西元1916年9月索姆河戰役中，投入實用的坦克車「馬克1型」首次參戰。坦克車英文為「Tank」的原因，是為了避免敵人知情，故意稱為「水箱」（water tank）。

轟隆
西元1940年5月10日，邱吉爾擔任首相時，希特勒率領納粹德國展開閃電作戰，開始進攻比利時、荷蘭與法國。
砰砰
作為攻擊主力的武器，便是邱吉爾首次推上戰場、德國持續改良的坦克車。面對能高速前進的鋼鐵炮臺，法軍一籌莫展。

小知識

邱吉爾曾經指出法國軍力太弱的問題。法軍以馬奇諾防線（法國在與德國邊境建築的大要塞線）採取防衛陣地的戰略。德軍則以坦克車部隊在馬奇諾防線迂迴前進，穿過亞爾丁（橫跨比利時、盧森堡、法國的地區）森林後攻入法國。

唐寧街首相官邸
咚
我們戰敗了！
5月15日早晨，邱吉爾的電話響起。電話另一端是法國總理雷諾[*1]。
冷靜！
戰況如何？
居然戰敗了！

*1 雷諾（西元1878～1966年）：保羅・雷諾。納粹德國進攻時的法國總理。

6月14日，德軍攻占法國首都巴黎*2。雷諾政權改由副總理菲利普・貝當*3繼任法國總理，負責簽訂德法停戰協定。
菲利普・貝當
7月，法國將首都遷往維琪*4。法國政府雖然在敗戰後得以存續，但實際上是德國的傀儡政權*5。
查理・戴高樂*6
戴高樂准將在巴黎淪陷後逃往英國。在倫敦組成流亡政府「自由法國」，透過廣播向法國國民呼籲，對德國徹底抗戰。
在德國統治下，法國國民的生活極其窮困，
抵抗納粹德國統治的運動*7逐漸擴散開來。

*2 首都巴黎：此時法國政府捨棄巴黎，將首都遷往法國西南部的波爾多。

*3 菲利普・貝當（西元1856～1951年）：在第一次世界大戰時擔任陸軍總司令。第二次世界大戰時，法國投降後以總理身分成為德國的傀儡。

*4 維琪：法國中部城市。貝當的政府被稱為維琪政權或維琪法國。

*5 傀儡政權：形式上獨立，實質上被其他國家統治與操控的政權。

*6 查理・戴高樂（西元1890～1970年）：第一次世界大戰時是貝當的屬下，在雷諾政權期間擔任國防部副部長。

*7 指在法西斯主義統治地區的非法組織抵抗運動或勢力。此外，親德派的法國人也會搜捕抵抗運動的人。

另一方面，
不久前的荷蘭阿
姆斯特丹——
猶太少女安妮•
法蘭克一家四口
原本住在德國法
蘭克福。
西元1934年，
安妮五歲時，因
為納粹黨迫害，
他們舉家逃往荷
蘭阿姆斯特丹，
平安地度過了
數年。
喀嚓

久等了。
探頭

你好慢，安妮。
早安，安妮。

抱歉，我們快走吧！漢妮、珊妮。

呵呵
呵呵
其他孩子稱這三人為「安妮、漢妮、珊妮*三人組」，感情總是非常融洽。

＊安妮、漢妮、珊妮：她們就讀阿姆斯特丹的蒙特梭利學校。學校裡有許多猶太學生，漢妮與珊妮也是德裔猶太人。

西元1940年5月，德軍攻入荷蘭，法蘭克一家遭到迫害。
唰
唰
唰
Jude
西元1942年5月，猶太人被迫佩戴黃色的大衛之星。
迫害日漸嚴重，最後演變成將猶太人強制送入集中營。
我不要，放開我！
德國在國內及德國併吞、占領地區，由SS*1設置了集中營設施。

*1 SS：納粹親衛隊。負責管理集中營，並在德國國內和德國占領的各國地區屠殺猶太人。

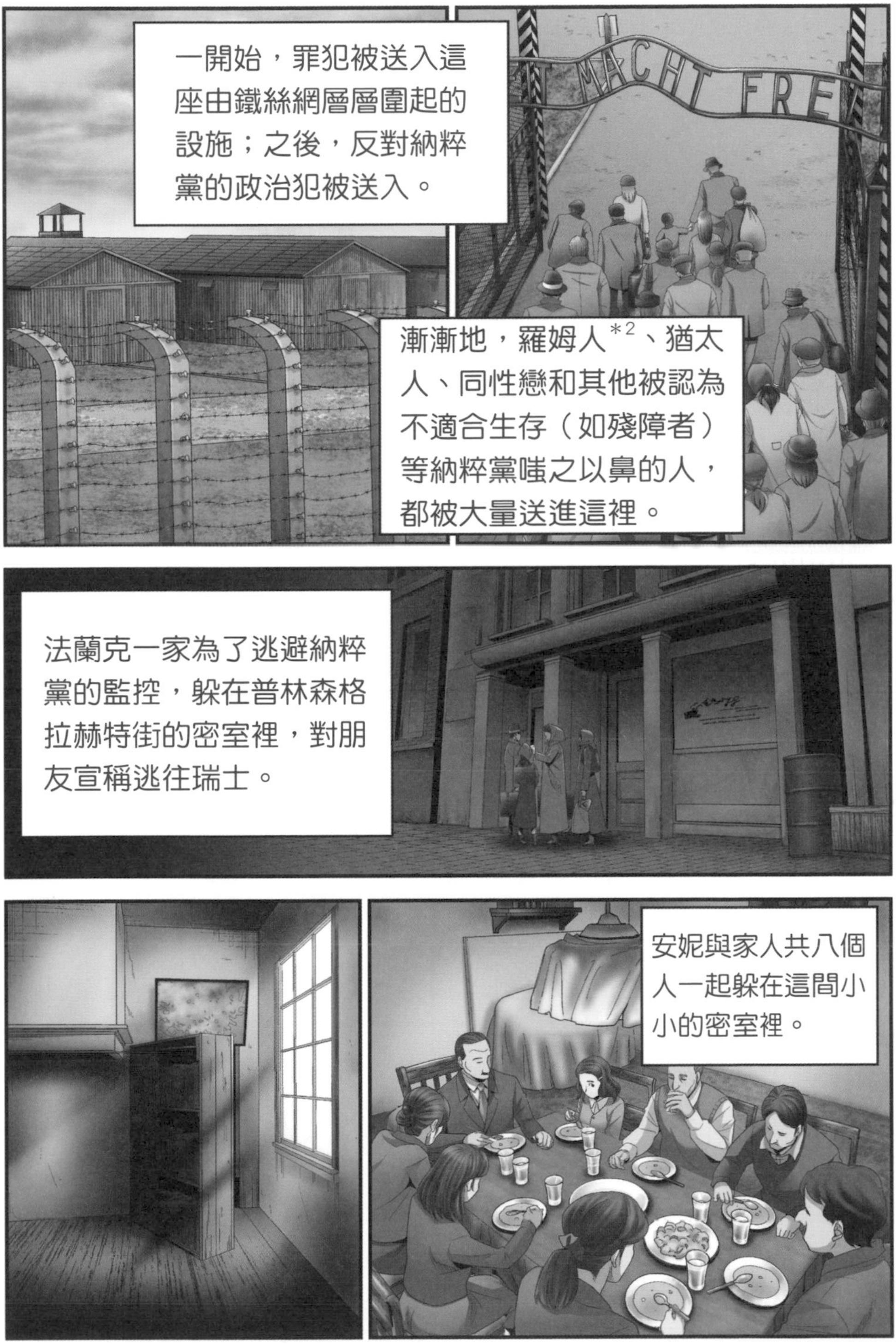
一開始，罪犯被送入這座由鐵絲網層層圍起的設施；之後，反對納粹黨的政治犯被送入。
漸漸地，羅姆人*2、猶太人、同性戀和其他被認為不適合生存（如殘障者）等納粹黨嗤之以鼻的人，都被大量送進這裡。
法蘭克一家為了逃避納粹黨的監控，躲在普林森格拉赫特街的密室裡，對朋友宣稱逃往瑞士。
安妮與家人共八個人一起躲在這間小小的密室裡。

小知識

奧斯威辛一號集中營門口掛著「勞動帶來自由」的標語，這不是納粹黨發想的口號，而是一本撰寫於西元19世紀的德國小說書名。納粹黨設置的集中營多掛有此標語，真實目的是要徹底壓榨囚犯勞動力，到死才肯停止。

*2 羅姆人：即吉普賽人，被認為是早期從印度到達歐洲的流浪民族。納粹黨認為他們是劣等民族，許多羅姆人在被送入集中營之前遭槍殺。

窸窣
安妮用十三歲生日時全家送她的日記本寫日記，即使在密室生活，她依舊維持這個習慣。
不可思議的，
我還沒徹底放棄希望。
或許不切實際，但我仍要繼續等待，
即便現在，我仍堅信人性本善。

掩人耳目的生活
過了兩年後，
嘰……
西元1944年8月，
納粹黨員突然闖入
密室。
啪
不要動！
由於有人向蓋世太保＊
告密，造成安妮一家被
逮捕。直到現在，仍不
知道告密者是誰。
安妮一家兩年的密室生
活就這樣戛然而止。

小知識

安妮一家的隱居生活遇到很多困難，例如為了不讓出入建築物的人察覺他們的存在，白天不能發出聲音，窗簾不能拉開，廁所的使用次數也有限制，糧食很難取得。在這樣的環境之下，青春期的安妮也曾與家人或其他居民發生衝突或對立。

＊蓋世太保：納粹德國的祕密警察。西元1939年9月編入親衛隊國家安全部，負責鎮壓德國國內或占領國反納粹運動與抵抗運動，以及逮捕或移送猶太人。

安妮一家先被送往韋斯特博克集中營*1，旋即轉送到奧斯威辛集中營*2。
轟
隆隆隆隆隆
喀
一抵達奧斯威辛集中營，安妮與其他猶太人就被分成三組。
唰
唰
一組人被強迫勞動。
一組人作為人體實驗者。
另一組人則被認為毫無價值。

小知識

納粹親衛隊約瑟夫・門格勒（西元1911～79年）是奧斯威辛集中營的主任醫官，負責挑選送來的猶太人。門格勒不斷對囚犯進行活人解剖及殘忍的人體實驗，但第二次世界大戰結束後流亡至南美。

*1 韋斯特博克集中營：位於荷蘭東北部德倫特省的中轉集中營（將猶太人送到集中營之前的暫時集中營）。

*2 奧斯威辛集中營：位於波蘭奧許維茲市（奧斯威辛是奧許維茲的德語發音）。納粹德國不只在此設置集中營，也在鄰近的比克瑙設置了二號營。

要去哪裡啊？
到那棟建築物裡沖澡。
呼呼
好暗啊！
還不能沖澡嗎？
窸窣
窸窣
窸窣
待會就能沖澡……
窸窣
窸窣
喀
這是以「齊克隆B*3」為毒氣屠殺囚犯的毒氣室。
快開門啊！
啊啊啊！
咚咚
好痛苦……
救命！不能呼吸了！
囚犯們以為「只是進去沖澡」，安心地走進毒氣室。毒氣室裡雖安裝了沖澡的水龍頭，但根本不會出水。遭毒殺的人們都被燒掉，骨頭則丟進河川裡。

*3 齊克隆B：氰化物殺蟲劑，目前已不使用。

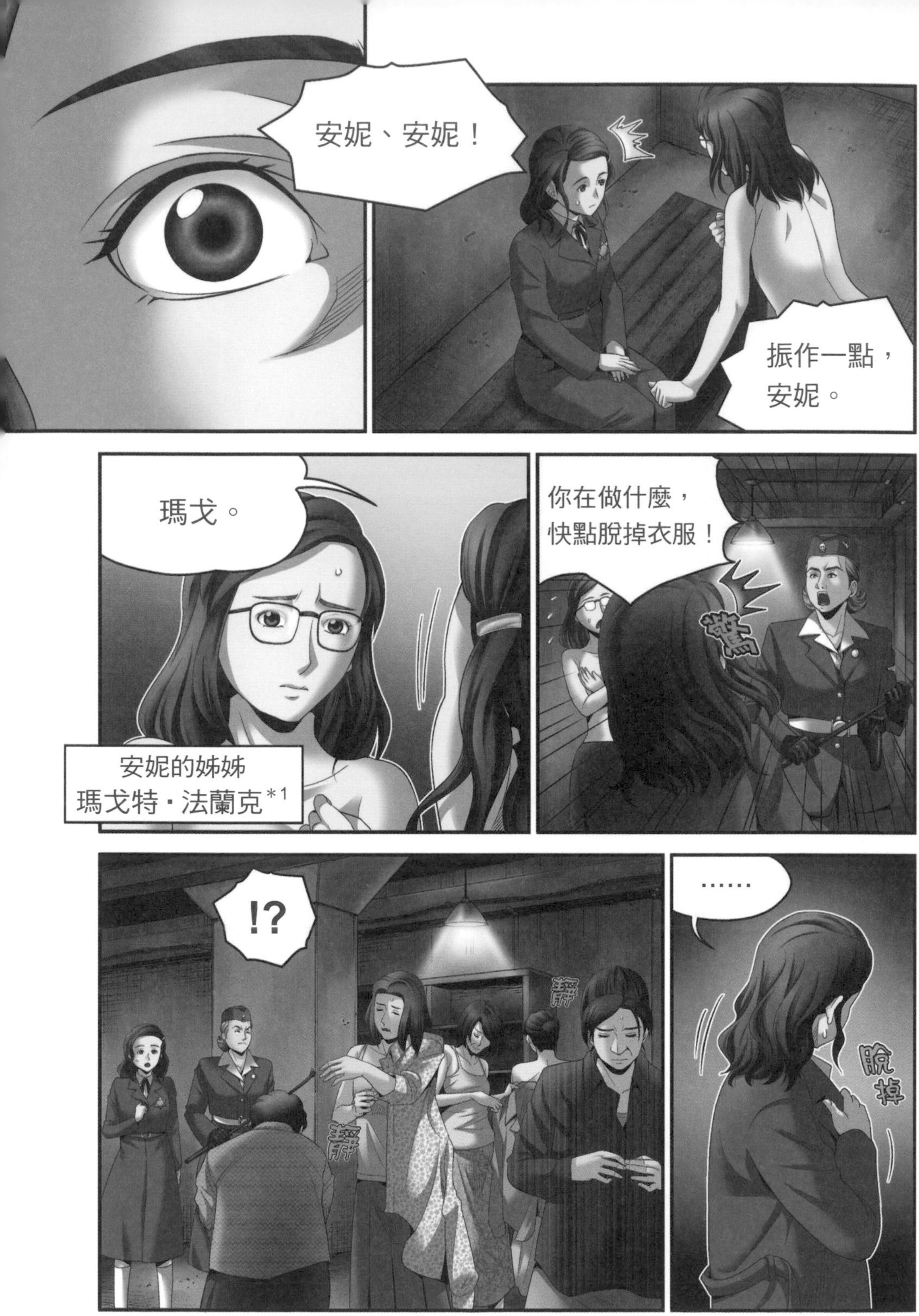
安妮、安妮！
振作一點，安妮。
瑪戈。
安妮的姊姊
瑪戈特・法蘭克*1
你在做什麼，快點脫掉衣服！
驚
!?
……
脫掉

*1 瑪戈特・法蘭克（西元1926～45年）：暱稱瑪戈。她與安妮好朋友珊妮的姊姊芭芭拉是好朋友，成績非常優秀，曾學習希伯來語。

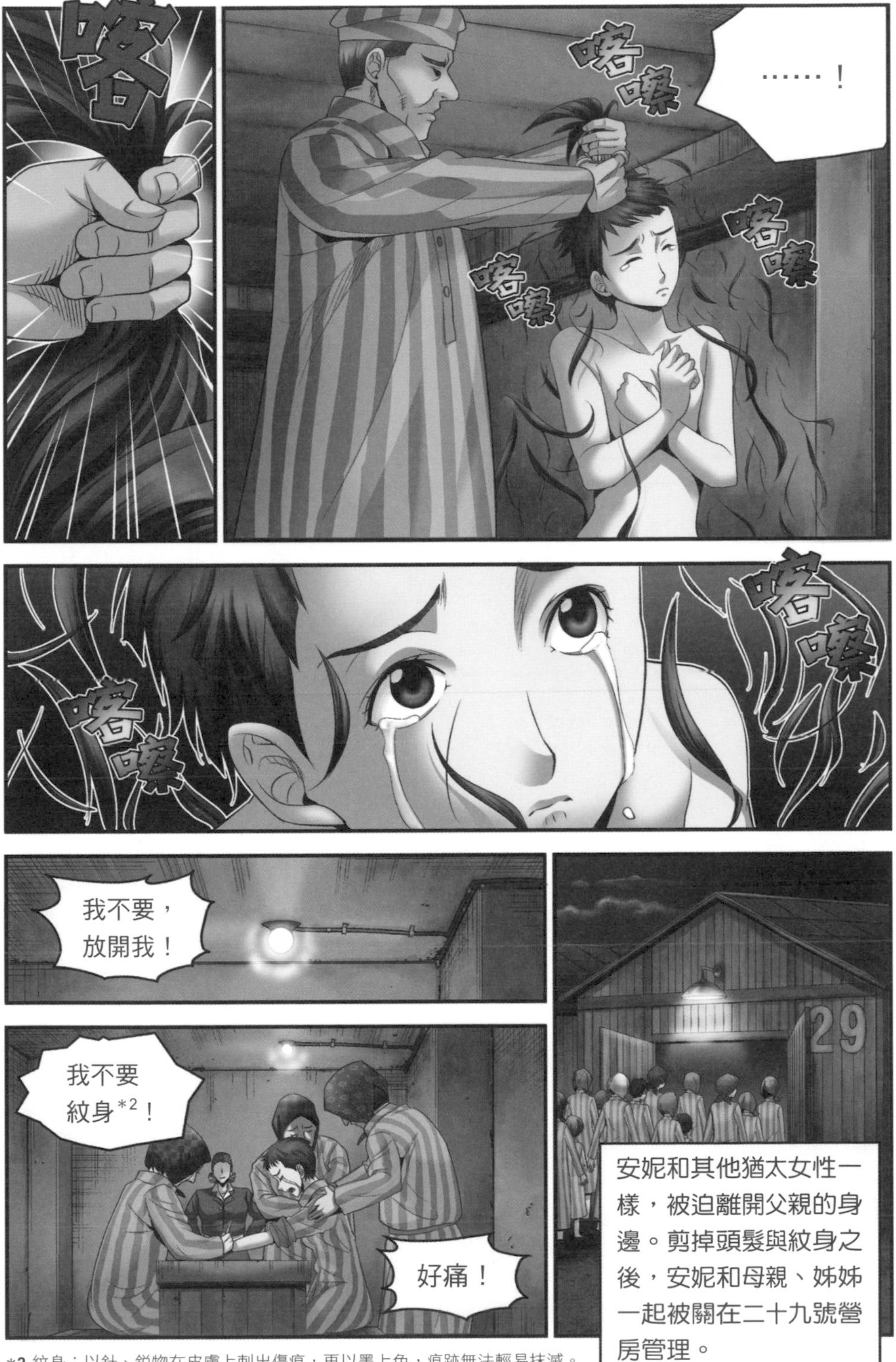
喀
喀嚓
……！
喀嚓
喀嚓
喀嚓
喀嚓
喀嚓
我不要，放開我！
我不要紋身*2！
好痛！
安妮和其他猶太女性一樣，被迫離開父親的身邊。剪掉頭髮與紋身之後，安妮和母親、姊姊一起被關在二十九號營房管理。
29

小知識

納粹黨設置的集中營之中，奧斯威辛二號營（比克瑙）、海烏姆諾、貝爾賽克、馬伊達內克、索比堡、特雷布林卡六處集中營稱為「滅絕營」，全部位於德國占領下的波蘭。顧名思義，滅絕營不是刑罰場所，而是為了殺死送來此地的囚犯所設立的場所。

*2 紋身：以針、銳物在皮膚上刺出傷痕，再以墨上色，痕跡無法輕易抹滅。集中營的囚犯都會在左臂被刺上犯人編號。

小知識

納粹德國屠殺猶太人的行為被稱為「大屠殺（The Holocaust）」，這是將活生生的動物送上祭壇焚燒，獻給上帝的猶太教儀式，後來被轉化為以火焰進行屠殺的意思。有些猶太教徒反對以這個神聖儀式的名稱指稱屠殺猶太人的行為。

集中營的生活宛如家畜般，
每天從早到晚在不衛生的環境下勞動。
28
給我張開耳朵聽清楚！你們的出口只有一個！
那就是焚化爐的煙囪！
呼
呼
呼
呼

＊1 伯根-貝爾森集中營：位於德國西北部下薩克森邦的集中營。號稱為病人或老人設置的休養集中營，除了沒有毒氣室之外，其餘部分和其他集中營一樣，衛生條件也很差，導致許多人因傳染病死亡。

伯根 - 貝爾森集中營
波蘭
納粹德國
奧斯威辛集中營
蘇聯軍隊向奧斯威辛進逼之後，安妮與姊姊、母親被送往伯根-貝爾森集中營＊1。
安妮在這裡與學校好友漢妮＊2重逢。
漢妮一家因為擁有外國護照，所以被集中在伯根貝爾森集中營裡禮遇「中立外國人」的區域。在這個區域可以領到紅十字軍的救援物資。
噠。
安妮？是安妮嗎？
我聽說安妮被送到這裡，拜託他們請你來這裡。

＊2 漢妮：西元1945年4月，英軍解放集中營，漢妮與妹妹總算能活著走出集中營。安妮的另一位好友珊妮與雙親在西元1943年11月移送到奧斯威辛集中營後，一抵達就被送入毒氣室殺害。

（在這裡要向大家致歉，伯根-貝爾森集中營的鐵絲網是用稻草做成的柵欄，此處為了營造漫畫氣氛和畫面，沒有畫出實際情況。）

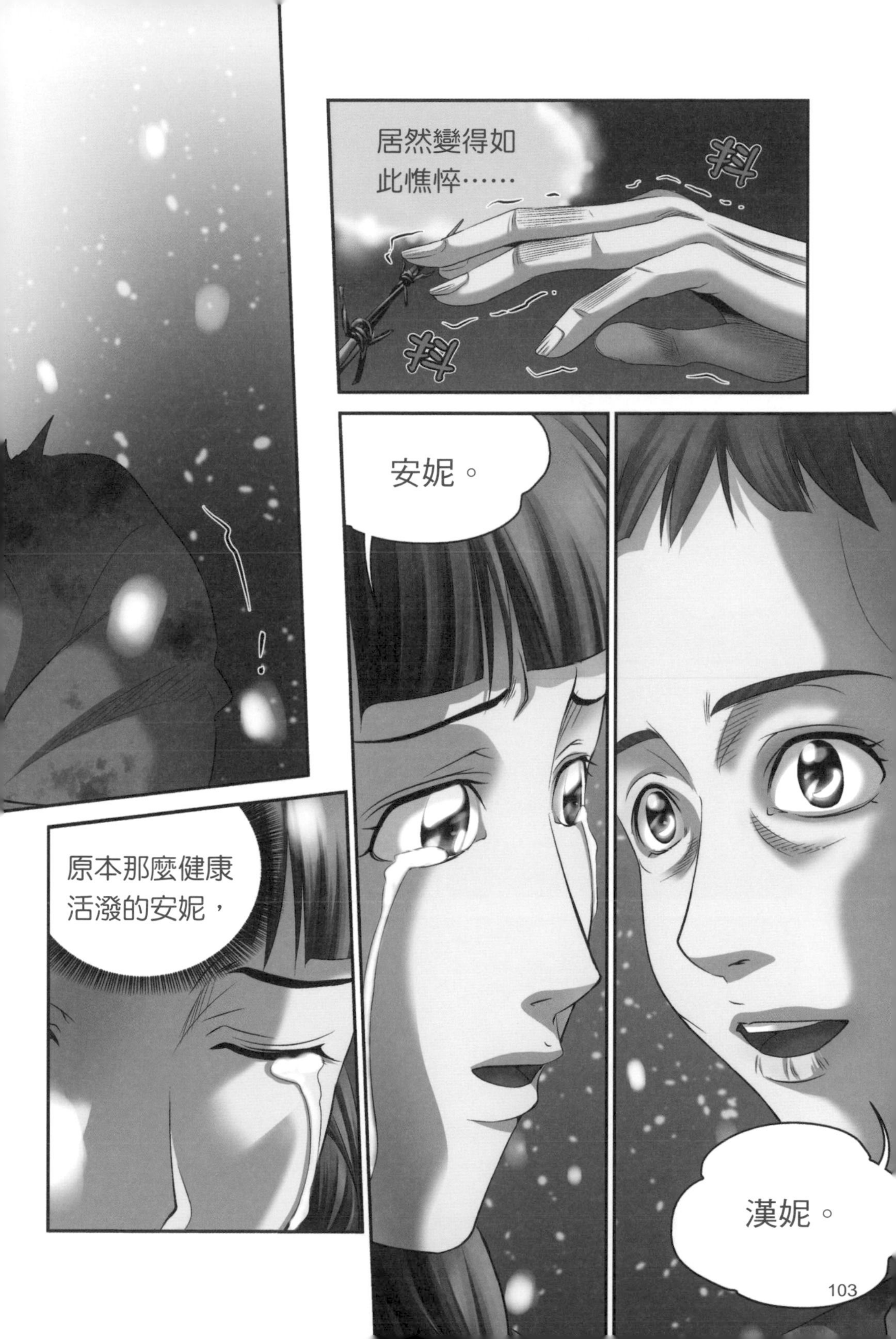

居然變得如
此憔悴……
抖
抖
安妮。
原本那麼健康
活潑的安妮，
漢妮。

你們在聊什麼！
嗟
驚
滾回去！
推
…
安妮！
用力
我還有……

小知識

指揮屠殺猶太人的納粹親衛隊大隊長阿道夫・艾希曼（西元1906～62年）在第二次世界大戰結束後逃亡至阿根廷。戰後猶太人建立了國家以色列，而以色列情報特務局（俗稱摩薩德）於西元1960年5月綁架艾希曼，被移送到以色列的艾希曼在公開審判後被處以絞刑。

還有很多該學的事，
很多……
西元1945年2月，安妮染上了斑疹傷寒，年僅十五歲就離開人世。這時距離德國戰敗只剩下幾個月。
安妮一家只有父親奧圖倖存。奧圖從朋友手中得到安妮留在密室裡的日記本。
西元1947年，奧圖以《密室》為名出版這本日記，後來這本書則以《安妮日記》聞名世界。

故事回到之前
西元1940年6月
敦克爾克

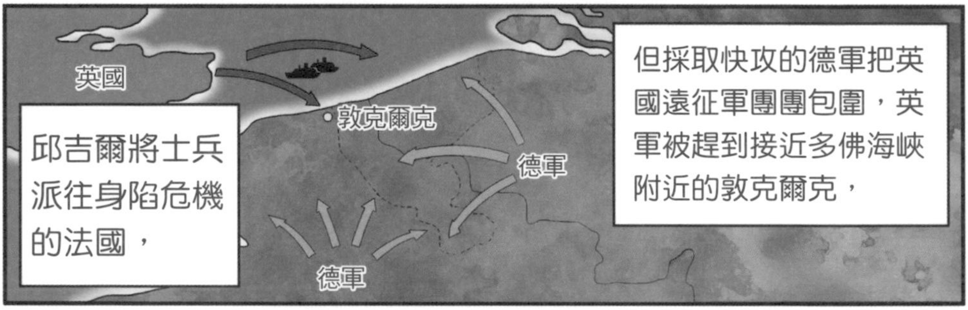
英國
敦克爾克
德軍
德軍
邱吉爾將士兵派往身陷危機的法國，
但採取快攻的德軍把英國遠征軍團團包圍，英軍被趕到接近多佛海峽附近的敦克爾克，

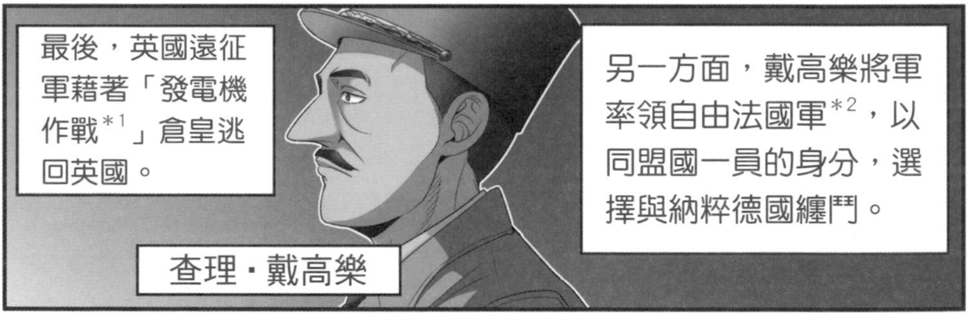
最後，英國遠征軍藉著「發電機作戰*1」倉皇逃回英國。
另一方面，戴高樂將軍率領自由法國軍*2，以同盟國一員的身分，選擇與納粹德國纏鬥。
查理・戴高樂

法國被德國占領，
不久，英國似乎也準備投降，但頑固的邱吉爾不願退讓半步，選擇與德國抗戰到底。

*1 發電機作戰：英國史上最大的撤退戰。除了軍艦之外，還動員了漁船和郵輪，總共撤退了三十四萬名英國遠征軍和法軍。英軍在這場戰役中有三萬名士兵被俘，且損失了大量的坦克車與武器。

*2 自由法國軍：由戴高樂建立的自由法國政府的軍事組織。

小知識

在納粹黨統治下的德國，對國民實施癌症健檢，推行禁菸運動，並補助健康食品。納粹黨的健康政策基於國民身體是元首的財產，要隨時為元首工作與戰鬥，必須時時刻刻保持身體健康的想法。

小知識

德國陸軍和海軍很難登陸英國本土，但德國空軍總司令赫爾曼・戈林（西元1893～1946年）卻誇下海口，單憑空軍就可以讓英國屈服，所以德國登陸英國本土的前哨戰為空戰。

見到希特勒盛氣凌人，義大利的墨索里尼*1決定參戰。
貝尼托・墨索里尼
希臘
埃及
墨索里尼的目標是埃及與希臘，他希望義大利像過去的羅馬帝國般統治地中海。
英國內閣戰時辦公室的地下出入口
英國在第二次世界大戰時召開的內閣會議，均於西敏寺白廳國會街的財政部地下、有著厚達3公尺水泥保護的防空壕中舉行。
除了男性之外，女性也應該一起保家衛國。
女性可以施放阻擋飛機飛行的氣球*2，或者擔任公車司機。

*1 墨索里尼：法西斯黨黨魁與義大利國家總理（見80頁）。　*2 利用強韌的纜線將氣球固定在地上，再讓氣球飄到空中，藉此阻擋低空入侵的敵機。英國首創婦女輔助空軍，半數氣球操作員都是女性。

除此之外，在工廠可以幫忙製作武器、彈藥、車輛和飛機。
這一切都是為了勝利，全體國民必須團結一心，
咚
絕對要與納粹德國決一死戰！
西元1940年7月，德國空軍展開攻擊，運補物資的軍艦成為射擊目標。
接著，攻擊目標轉為基地、機場、港口、街道和首都倫敦。
英國空軍以最新技術的雷達*3監視網早一步偵測到德軍飛機，並予以迎頭痛擊。

小知識

德軍占領法國後，從法國北部飛往英國攻擊（德國盟友義大利空軍也派出少數飛機參與作戰）。英國將這場大型空戰稱為「不列顛戰役」（英國本土防衛戰），德國則稱為「英倫空戰」。開戰之初，由德國空軍占上風。

*3 雷達：指電波偵測機。發射電波後，利用反射波偵測目標（例如飛機）的距離和方向的裝置。雷達可以偵測到遠至肉眼看不到的目標，還能找到躲在雲層或迷霧裡的目標。

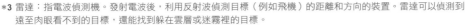

最初德國具有壓倒性的優勢，但是英軍慢慢重振士氣，給予德國空軍重大打擊。
咻
因為當時英國擁有世界最強的防空戰備，且建立了世界第一的雷達網。
人類歷史上，從來沒有如此少數的人，
為如此多數的人做出這麼大的貢獻。
他們才是真英雄！
邱吉爾的這番話，鼓舞了日夜與德國空軍作戰的英國飛行員們。
碎

倫敦
每到夜晚，不斷遭受空襲的街道上，所有展示櫥窗和招牌的燈光、街燈都會熄滅。因為一旦有光線，就會成為轟炸的目標。為了不透出一絲光線，燈火管制人員不斷在街上巡邏。
叩叩
叩叩
喀嚓
你好，有什麼事嗎？
夫人，光線露出窗外了。
對不起，今天是女兒生日才會如此疏忽，我會注意的。
……
抓

小知識

希特勒迫切希望西班牙與土耳其加入軸心國陣營，在第二次世界大戰中並肩作戰。因為西元１９３６年西班牙內戰得到德國的軍事援助，欠德國一份人情；土耳其（當時為鄂圖曼帝國）則是在第一次世界大戰與德國同一陣線。由於不想與美國為敵，這兩個國家皆維持中立。

小知識

西元1941年12月的馬來亞海戰，日本海軍擊沉英國戰艦「威爾斯親王號」及戰鬥巡洋艦「卻敵號」，這是史上第一次以飛機擊沉戰艦的例子。日後邱吉爾在親自執筆撰寫的《第二次世界大戰回憶錄》中提到：「再也沒有任何一場戰爭像這場戰爭般震撼」。

原來今天小公主生日啊！
叔叔送你一個禮物吧！
拿去。
哇！謝謝叔叔。
呵 呵
嗚
糟糕了，是空襲！
大家快躲到防空壕裡！
地下鐵車站*
砰
砰

＊地下鐵車站：不斷遭受德軍空襲的倫敦，將地下鐵車站當成市民的公共防空壕使用。避難的市民在進入防空壕時，會攜帶毛毯和食物。

德軍登陸了！
怒
我們要打陸地戰了！
閉上你的臭嘴！連小孩子都靜靜地待著，你真是不像話！
吼
啊！
驚
媽媽。
抱緊
別怕。
別擔心，轟炸不會持續太久，早上就能回家了。
拉
嗯。
幾天後
倫敦

小知識

現今提到窮凶極惡的獨裁者，大部分人都會想到希特勒，但是對當時的德國人民來説，他是英雄般的領導人和崇拜對象，簡直就是全體國民的偶像。三餐簡樸、幾乎不喝酒、也不喜歡抽菸的希特勒，是特別受女性歡迎的政治家。

小知識

西元1940年，納粹德國曾擬訂強迫歐洲所有猶太人遷居非洲東岸馬達加斯加島（當時為法國領地）的計畫。原本打算在征服英國後，使用英國海軍的艦隊遣送猶太人，但最終未能打敗英國，計畫隨之破滅。

雖然有些英國人希望早點與納粹德國談和，但英國人民並未因空襲而退縮，
大部分人民都如太平時期般生活，邱吉爾也是。
首相，在德軍持續轟炸時視察，不會感到害怕嗎？
你們覺得害怕嗎？
……
無論現況多麼辛苦，在炮火轟炸下，
也不要忘記微笑。

戰爭就是一場帶著微笑迎向挑戰的人，
才會贏得勝利的遊戲！

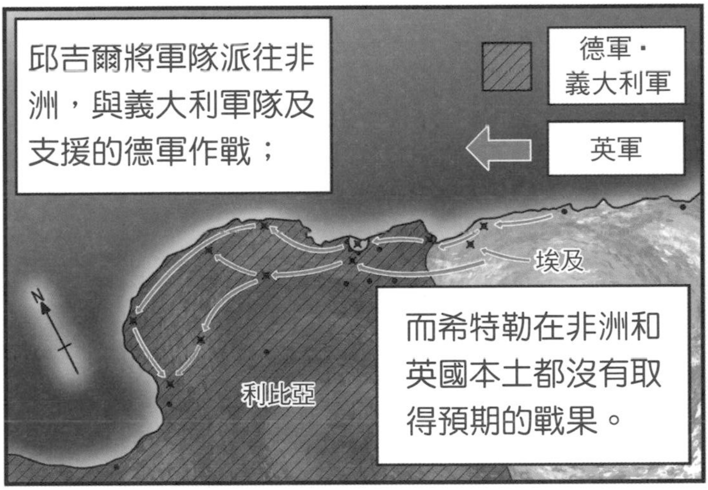
邱吉爾將軍隊派往非洲，與義大利軍隊及支援的德軍作戰；
德軍·義大利軍
英軍
埃及
利比亞
N
而希特勒在非洲和英國本土都沒有取得預期的戰果。

德軍司令部

小知識

德國空軍不僅嚴重受挫，且未能達成目標，因此在西元１９４０年９月放棄登陸英國本土。英軍與德軍在多佛海峽兩岸對峙的空戰仍然持續，直到美軍參加第二次世界大戰，開始轟炸德國本土後，才終止這場在海峽上空的戰爭。

*1 戈林（西元1893～1946年）：德國空軍總司令。第一次世界大戰時是飛行員，後來成為德軍最高位階的國家元帥。雖被希特勒當作繼承人，卻因為與英國的空戰失敗而失去希特勒的信任。

再加把勁就贏了。
戈林*1
再加把勁？
Italien
Truthahn
Syrien
Irak
我已經聽你說幾次這句臺詞了呢？
皺眉
各位，英國就先放著不管，
接下來，我們要集中火力攻擊蘇聯。
Finnland
Schweden
Sowjetunion
Deutschland
Polen
Rumänien
Bulgarien
Truthahn
Italien
唰
希特勒放棄將英國納入囊中，將箭頭指向蘇聯。
德國
蘇聯
西元1941年6月，德國撕毀《蘇德互不侵犯條約》*2，以巴巴羅薩行動之名奇襲蘇聯。

*2《蘇德互不侵犯條約》：德國與蘇聯約定互不侵略彼此的條約，在西元1939年8月簽訂。

小知識

西元1944年，德國再度攻擊英國本土。當時使用的是飛行炸彈V1（現今巡弋飛彈的雛型）與液體燃料火箭V2（現今彈道飛彈的雛型）。V2的設計者華納・馮・布朗在第二次世界大戰結束後，加入美國的阿波羅計畫（人類登陸月球的計畫）。

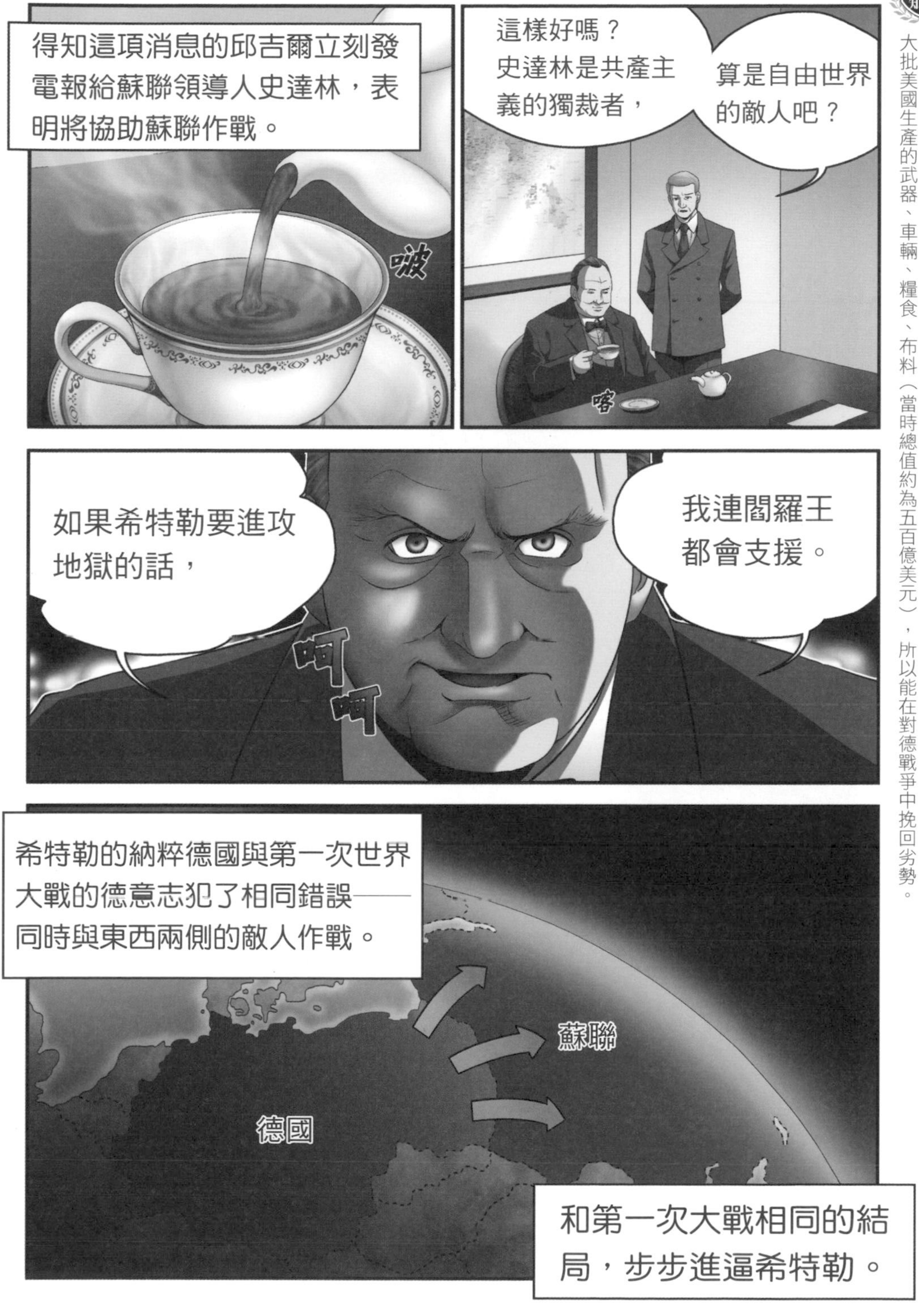
得知這項消息的邱吉爾立刻發電報給蘇聯領導人史達林，表明將協助蘇聯作戰。
啵
這樣好嗎？史達林是共產主義的獨裁者，
算是自由世界的敵人吧？
喀
如果希特勒要進攻地獄的話，
我連閻羅王都會支援。
呵呵
希特勒的納粹德國與第一次世界大戰的德意志犯了相同錯誤——同時與東西兩側的敵人作戰。
蘇聯
德國
和第一次大戰相同的結局，步步進逼希特勒。

小知識

西元1941年3月，美國通過《租借法》（武器租借法案），讓美國能以保護本國安全為由，提供重要國家軍需品。英國和蘇聯接收了大批美國生產的武器、車輛、糧食、布料（當時總值約為五百億美元），所以能在對德戰爭中挽回劣勢。

5 史達林與第二次世界大戰落幕

小知識

德軍動員了三百萬人進行巴巴羅薩行動，是史上規模最大的作戰。希特勒原本打算在第一次攻擊便擊垮蘇聯軍隊，直取蘇聯首都莫斯科，讓蘇聯投降，但是蘇聯的抵抗比想像中激烈。

面對激烈的權力鬥爭，
站在共產主義國家蘇聯權力頂點的史達林，
會如何面對希特勒率領的德軍？
世界大戰又將如何落幕呢？
轟
隆
隆
隆
隆
蘇聯與德國的國境附近

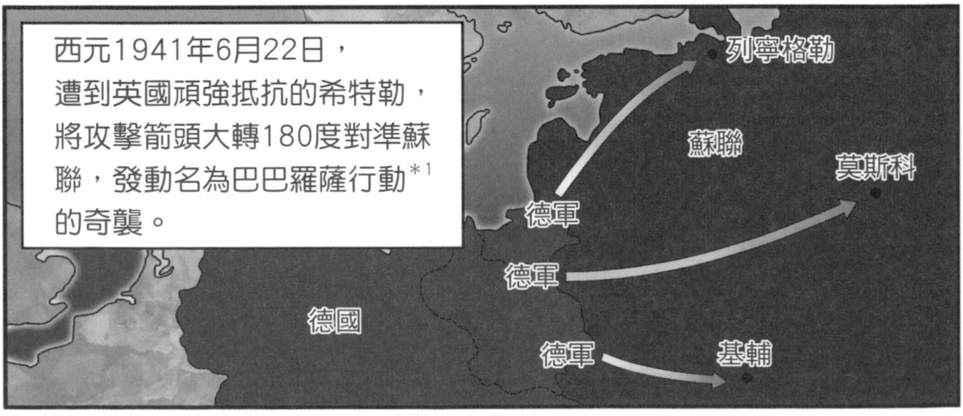
西元1941年6月22日，
遭到英國頑強抵抗的希特勒，
將攻擊箭頭大轉180度對準蘇聯，發動名為巴巴羅薩行動*1
的奇襲。
列寧格勒
蘇聯
莫斯科
德軍
德軍
德國
德軍
基輔

*1 巴巴羅薩行動：以此次奇襲為起點的蘇德戰爭，德國稱為「東部戰線」；蘇聯稱為「大祖國戰爭」。

然而，就某種程度而言，史達林是比邱吉爾更為棘手的對手，但希特勒此時尚未發現這點。
距今十三年前
西元1928年
莫斯科市區
史達林提出五年計畫*2的目標，強力推動重工業發展，
結果輕工業生產力下滑，導致民生日用品短缺。
咦？
不會吧！

小知識

約瑟夫・史達林（西元1879～1953年）是蘇聯共產黨中央委員會總書記（蘇聯最高領導人）。史達林這個筆名的意思是「鋼鐵般的人」，他的本名是約瑟夫・維薩里奧諾維奇。希特勒與史達林雖彼此為敵，卻給對方最高評價，據說甚至有惺惺相惜的感覺。

*2 五年計畫：史達林訂定的國家經濟計畫。

小知識

西元1939年8月簽訂的《蘇德互不侵犯條約》震驚世界，但這項條約包括蘇德之間的祕密交易，也就是瓜分波蘭。西元1939年9月，德軍入侵波蘭，幾周後，蘇聯軍隊攻入波蘭東部，使《蘇德互不侵犯條約》建立的信賴關係破裂。

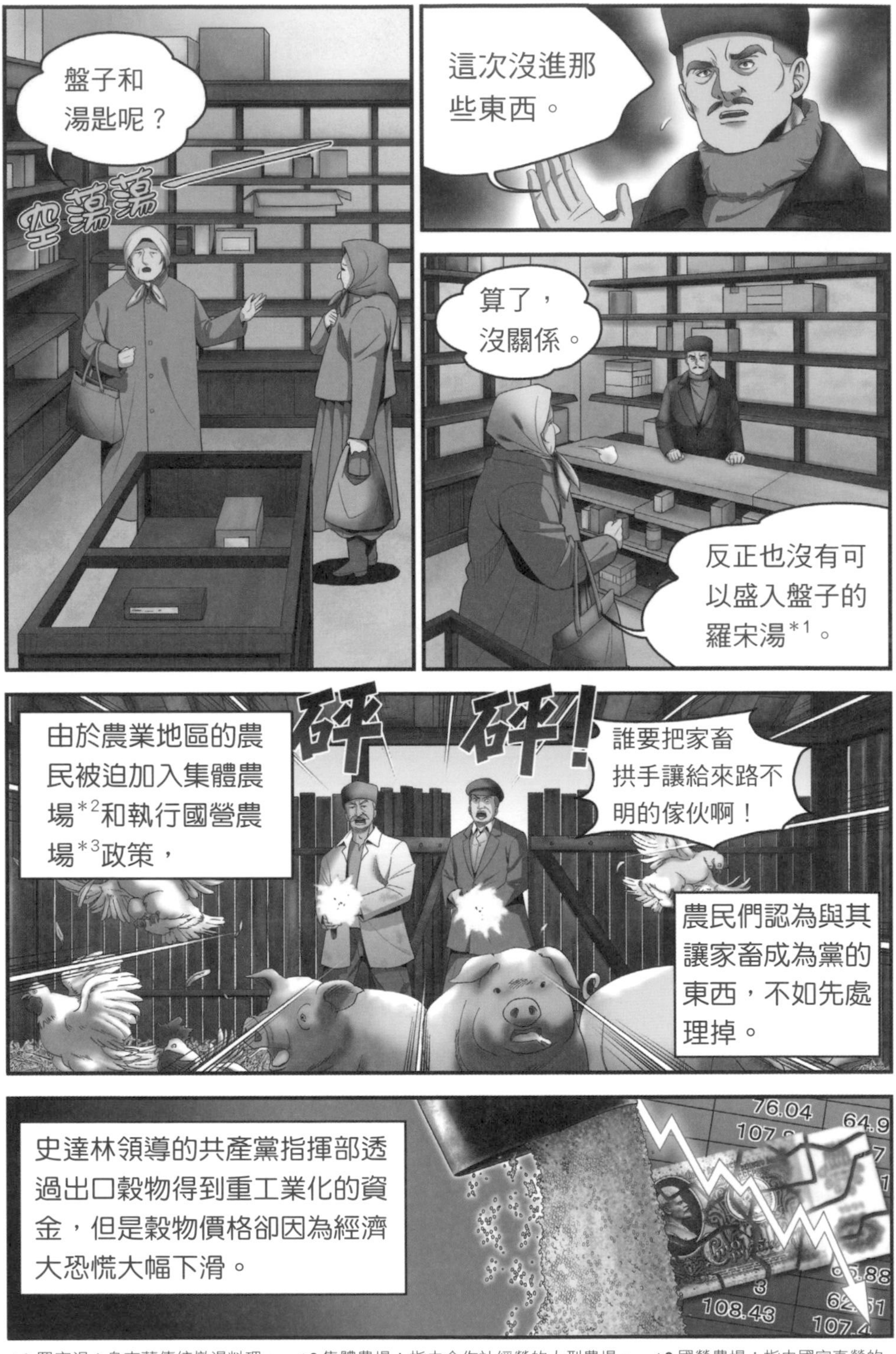
盤子和湯匙呢？
空蕩蕩
這次沒進那些東西。
算了，沒關係。
反正也沒有可以盛入盤子的羅宋湯*1。
由於農業地區的農民被迫加入集體農場*2和執行國營農場*3政策，
砰
砰！
誰要把家畜拱手讓給來路不明的傢伙啊！
農民們認為與其讓家畜成為黨的東西，不如先處理掉。
史達林領導的共產黨指揮部透過出口穀物得到重工業化的資金，但是穀物價格卻因為經濟大恐慌大幅下滑。

*1 羅宋湯：烏克蘭傳統燉湯料理。　*2 集體農場：指由合作社經營的大型農場。　*3 國營農場：指由國家直營的大型農場。

*4 列寧格勒：現稱聖彼得堡，是蘇聯僅次於莫斯科的第二大城市。　*5 基洛夫（西元1886～1934年）：全名為謝爾蓋・米羅諾維奇・基洛夫。共產黨中央委員會書記。　*6 肅清：西元1930年代，史達林實施大規模政治鬥爭。除了共產黨幹部與一般黨員，連文化人士或一般人民都遭到逮捕入獄或處死。

緊接著，黨為了彌補不足的資金，開始從農村搜刮農作物，造成四百萬到五百萬人餓死，抵抗的農民全數被逮捕。

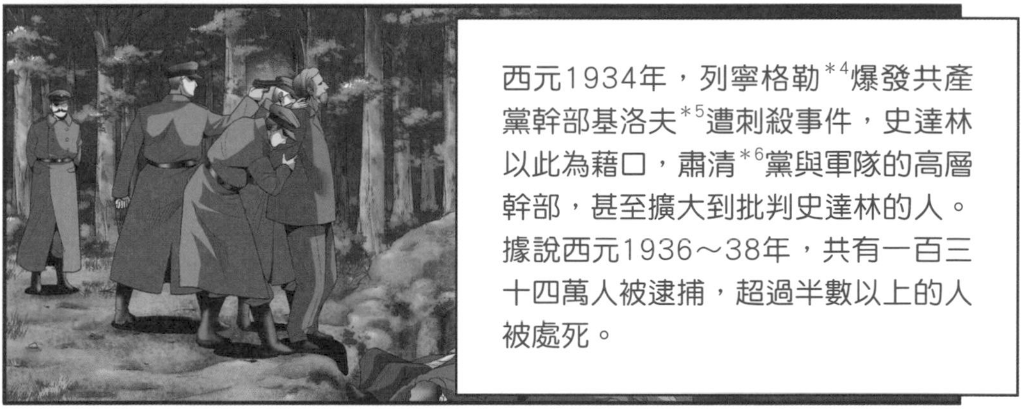
西元1934年，列寧格勒*4爆發共產黨幹部基洛夫*5遭刺殺事件，史達林以此為藉口，肅清*6黨與軍隊的高層幹部，甚至擴大到批判史達林的人。據說西元1936～38年，共有一百三十四萬人被逮捕，超過半數以上的人被處死。

西元1939年8月，史達林雖與德國簽訂互不侵犯條約，但他心裡明白總有一天必須與德國一戰。
他以列寧格勒的安全為由向芬蘭發動戰爭*7，掠奪芬蘭部分領土，接著在西元1940年，將波羅的海三國*8納入囊中。
芬蘭
愛沙尼亞
拉脫維亞
立陶宛
德國
在東亞方面，西元1941年4月他與日本簽訂中立條約。史達林心想，這應該能暫時避免與日本爆發戰爭。

*7 從西元1939年11月持續到西元1940年3月，稱為蘇芬戰爭或冬季戰爭。芬蘭向國際聯盟申訴，蘇聯於是被國聯除名。
*8 波羅的海三國：指愛沙尼亞、拉脫維亞和立陶宛。

*1 列寧格勒在西元1941年9月至1944年1月被德軍包圍，但未被占領，蘇聯不斷地頑強抵抗。據說，在這場包圍戰下，三百一十九萬市民中超過一百萬人因為德軍的攻擊和飢餓而死。

小知識

蘇聯軍隊以「焦土政策」對付侵入蘇聯境內的德軍。這項政策是為了不讓德軍使用蘇聯國內的物資或設施，遣散工廠裡的工人之後，再燒毀建築物，且不惜破壞橋梁和鐵路，甚至連路標都徹底剷除。德軍的運輸補給因此變得遲緩，難以從當地取得物資，追擊的德軍也苦不堪言。

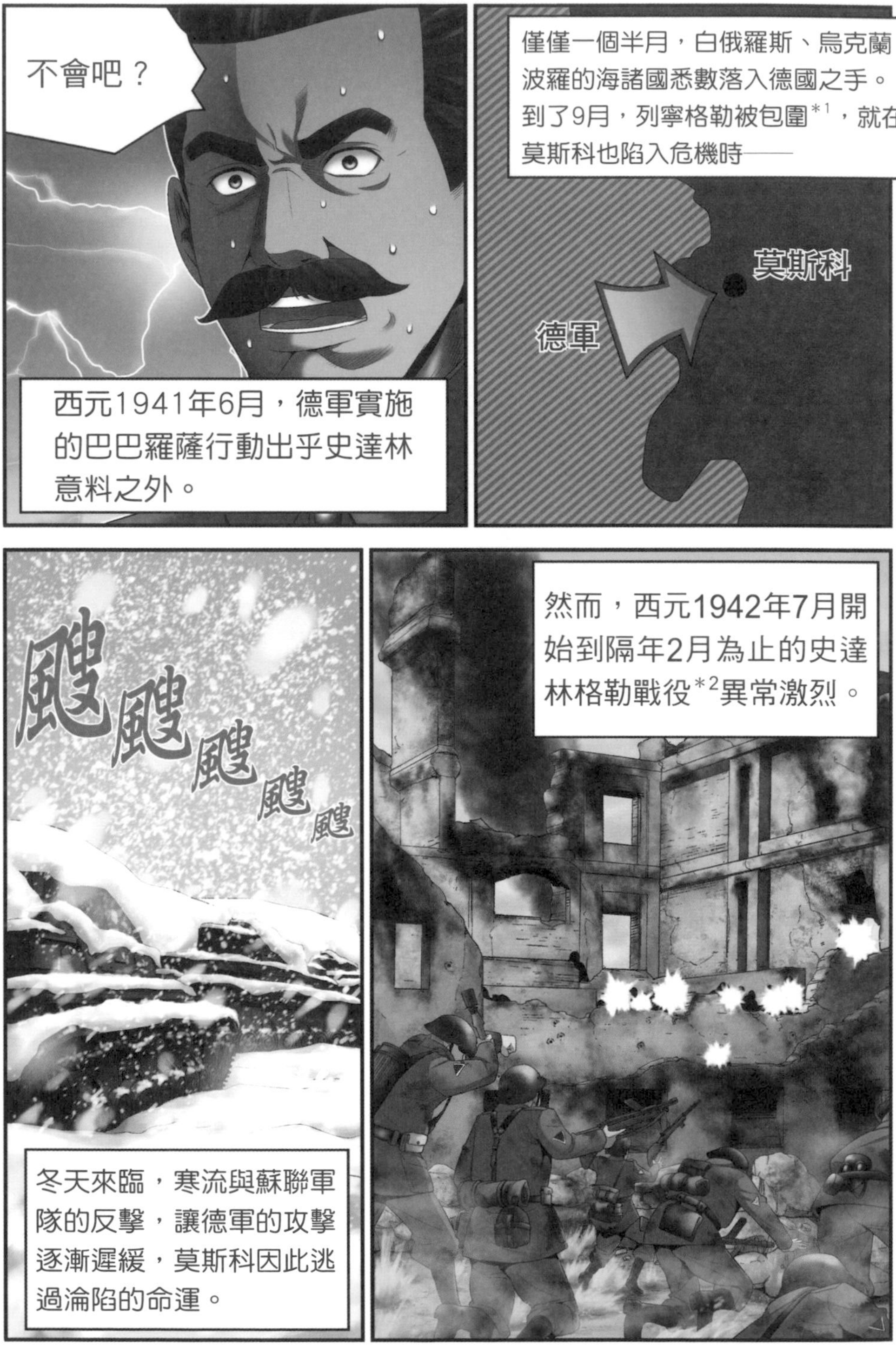

不會吧？
西元1941年6月，德軍實施的巴巴羅薩行動出乎史達林意料之外。
僅僅一個半月，白俄羅斯、烏克蘭、波羅的海諸國悉數落入德國之手。到了9月，列寧格勒被包圍*1，就在莫斯科也陷入危機時——
莫斯科
德軍
颼颼颼颼颼
冬天來臨，寒流與蘇聯軍隊的反擊，讓德軍的攻擊逐漸遲緩，莫斯科因此逃過淪陷的命運。
然而，西元1942年7月開始到隔年2月為止的史達林格勒戰役*2異常激烈。

*2 史達林格勒是位於伏爾加河西岸的工業城市。西元1925年，改稱為史達林格勒（意思是史達林的市鎮）。西元1961年，再改稱為伏爾加格勒（意思是伏爾加河的市鎮）。西元2013年之後，一年有很多天（例如戰勝紀念日）會將名字改回史達林格勒。

史達林為了死守這座以自己名字命名的城市，組成督戰隊*3，逼迫士兵作戰，只要前線士兵想逃跑，督戰隊就在後方射殺。
Ypaaaaaaaa*4！
砰
砰砰
砰
激戰之後，史達林在此地大獲全勝。
西元1941年8月
加拿大紐芬蘭海岸
英國首相邱吉爾與美國總統羅斯福，在停泊於加拿大的「威爾斯親王號」航空母艦上會談。

小知識

在史達林格勒戰役中，包括德軍在內的軸心國死傷人數約達八十五萬人，蘇聯軍隊則高達一百二十萬人。希特勒向率領德國第六軍的保盧斯（後來晉升為元帥）下達死守命令，但西元1943年1月，第六軍還是投降。這一戰使有利局勢倒向蘇聯軍隊。

*3 督戰隊：強迫己方士兵持續作戰的部隊，只要有士兵想逃亡或投降就會被射殺。
*4 Ypaaaaaaaa：是俄文，蘇聯士兵突擊時的口號，發音為「嗚啦」，意思是「萬歲」。

小知識

墨索里尼辭去總理一職後遭到逮捕，被軟禁在義大利中部亞平寧山脈大薩索山山頂的飯店，之後被德國空軍與武裝親衛隊救出。得到德國支援的墨索里尼在義大利北部創立了義大利社會共和國，但在西元1945年4月逃亡至西班牙途中被射殺，屍體還被倒掛。

兩個人發表了不擴大領土與民族自決*1的《大西洋憲章》。這也是日後《聯合國憲章》的雛型。
同年12月，日本攻擊珍珠港，點燃太平洋戰爭的戰火。日本向英國宣戰；與日本為聯盟關係的德國則向美國宣戰。
聽到消息的邱吉爾，
哈哈哈哈哈哈哈
這場戰爭贏定了！
笑容滿面。
英國雖被日本奪走新加坡，但在北非戰勝德國。
西元1943年7月，同盟國軍隊登陸義大利西西里島，墨索里尼被迫下臺*2，義大利政府投降。

*1 民族自決：每個民族都可以拒絕其他民族或國家干涉，以自己的意志選擇或決定自己的命運。

*2 失去威信的墨索里尼受輿論炮轟，被迫辭去總理一職。義大利於西元1943年9月與同盟國簽訂停戰協議，脫離軸心國投降。

西元1943年11月
開羅會議
在埃及的開羅，邱吉爾與羅斯福、蔣介石會談，要求日本必須無條件投降[3]。
接著，邱吉爾在伊朗的德黑蘭與史達林、羅斯福會談。
裏海
德黑蘭
伊朗
史達林從德黑蘭回國後，將國內少數民族驅離高加索地區，八個民族共一百五十萬人被遣送到偏遠的極寒之地西伯利亞。
西伯利亞
哈薩克
克里米亞
高加索地區
烏茲別克
許多人在強制執行的民族遷移途中死亡，無異於希特勒的少數民族政策。

小知識

讓蔣介石參加開羅會議的是羅斯福（邱吉爾反對蔣介石出席），此舉主要是不希望中華民國與日本單獨議和。在這場會議中，蔣介石被迫答應在日本無條件投降前持續抗日。

*3 無條件投降：軍隊必須在沒有任何附加條件下歸敵軍管轄，聽從敵國指示。

小知識

為了讓德軍無法篩選出登陸地點，同盟國實施諾曼第登陸前先展開了欺敵計畫。這項欺敵作戰使用偽裝的無線電通訊與雙面間諜，讓德軍以為登陸地點在靠近英國的加萊海峽。欺敵計畫非常成功，使德軍無法從加萊海峽調動部隊。

唰
唰
法國柯騰丁半島的諾曼第
喔喔喔喔喔
西元1944年6月6日，史上規模空前的作戰展開——美軍、英軍、自由法國軍等同盟國軍隊，動員四千四百艘軍艦、兩萬五千架飛機，總兵力兩百萬人進行諾曼第登陸作戰。

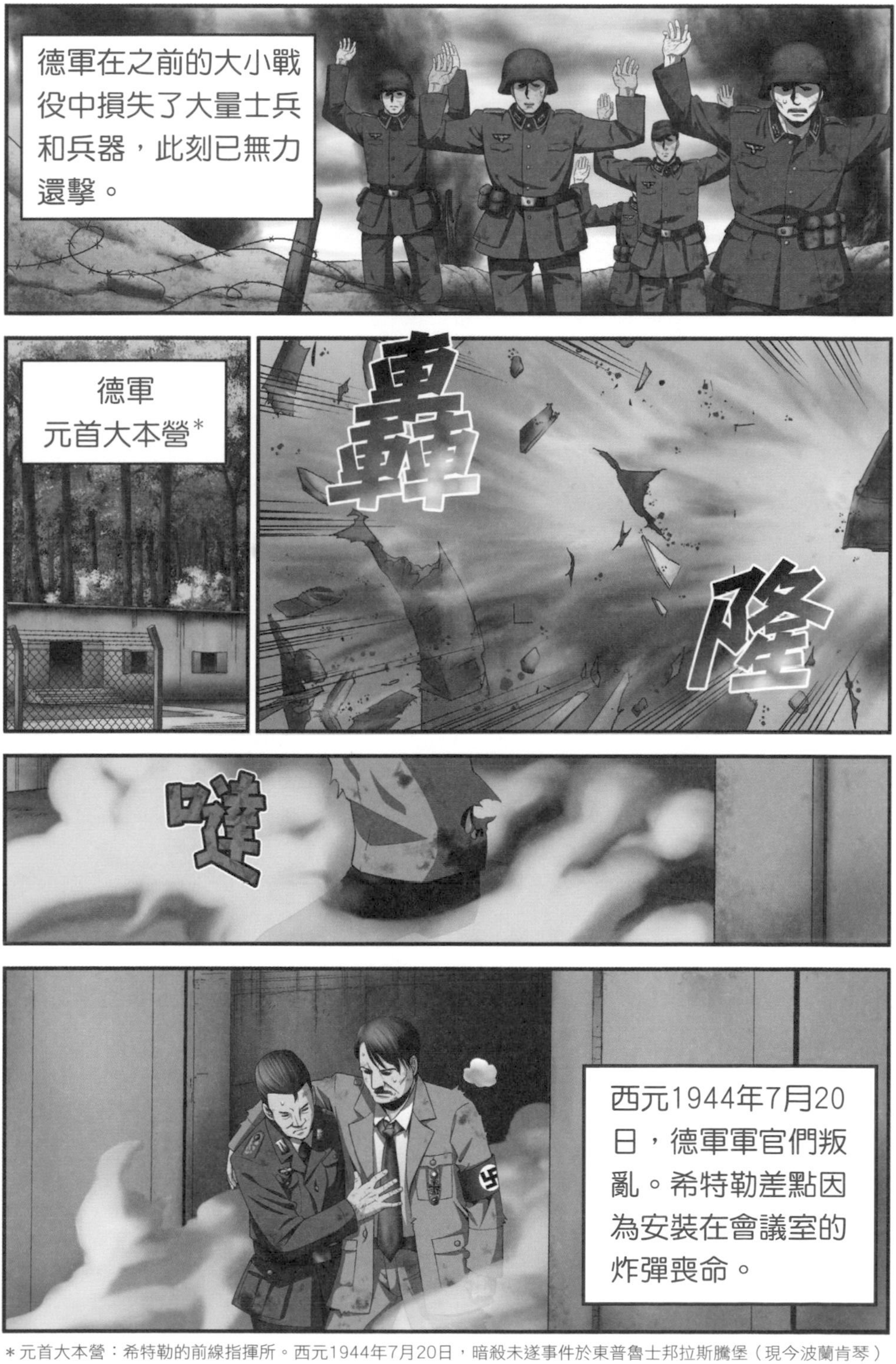
德軍在之前的大小戰役中損失了大量士兵和兵器，此刻已無力還擊。
德軍
元首大本營*
轟
隆
噠
西元1944年7月20日，德軍軍官們叛亂。希特勒差點因為安裝在會議室的炸彈喪命。

小知識

若連個人策畫的恐怖攻擊算在內，暗殺希特勒計畫至少執行了數十次。西元1944年7月20日，由德國國防軍反納粹軍官們計畫的華爾奇麗雅行動，企圖在元首大本營炸死希特勒。放在包包裡的炸彈雖然引爆了，但在多重偶然之下，希特勒只受到輕傷。

＊元首大本營：希特勒的前線指揮所。西元1944年7月20日，暗殺未遂事件於東普魯士邦拉斯騰堡（現今波蘭肯琴）設置的「狼穴」爆發。除此地之外，另有多處元首大本營。

小知識

華爾奇麗雅暗殺行動對希特勒身心造成重大打擊，使希特勒病情惡化。與暗殺事件有關的軍官們全被處死，陸軍元帥埃爾溫・隆美爾遭懷疑參與該行動，被迫服毒自殺。

元首閣下有受傷嗎？
噠
！
經過暗殺未遂事件後，希特勒就像變了一個人，不斷下達錯誤的命令，令德國陷入絕境。
抖 抖
我是元首，已經為德國粉身碎骨了……可惡的愚民。
抖 抖
另有一說認為，是希特勒的主治醫生*1為了替希特勒止痛，不小心施打過量的嗎啡，導致希特勒開始判斷失常。說不定世界就是被這個醫術平庸的醫生所救。

*1 希特勒的主治醫生：德國醫師西奧多・莫瑞爾（西元1886～1948年）。只要希特勒說不舒服，就會注射投藥。

*2 戴高樂：查理・戴高樂。法國共和國臨時政府主席。由戴高樂指揮的自由法國軍以同盟國一員的身分在各地征戰，西元1944年8月26日進入巴黎。戰後擔任法國共和國總統（在任期間西元1959～69年）。

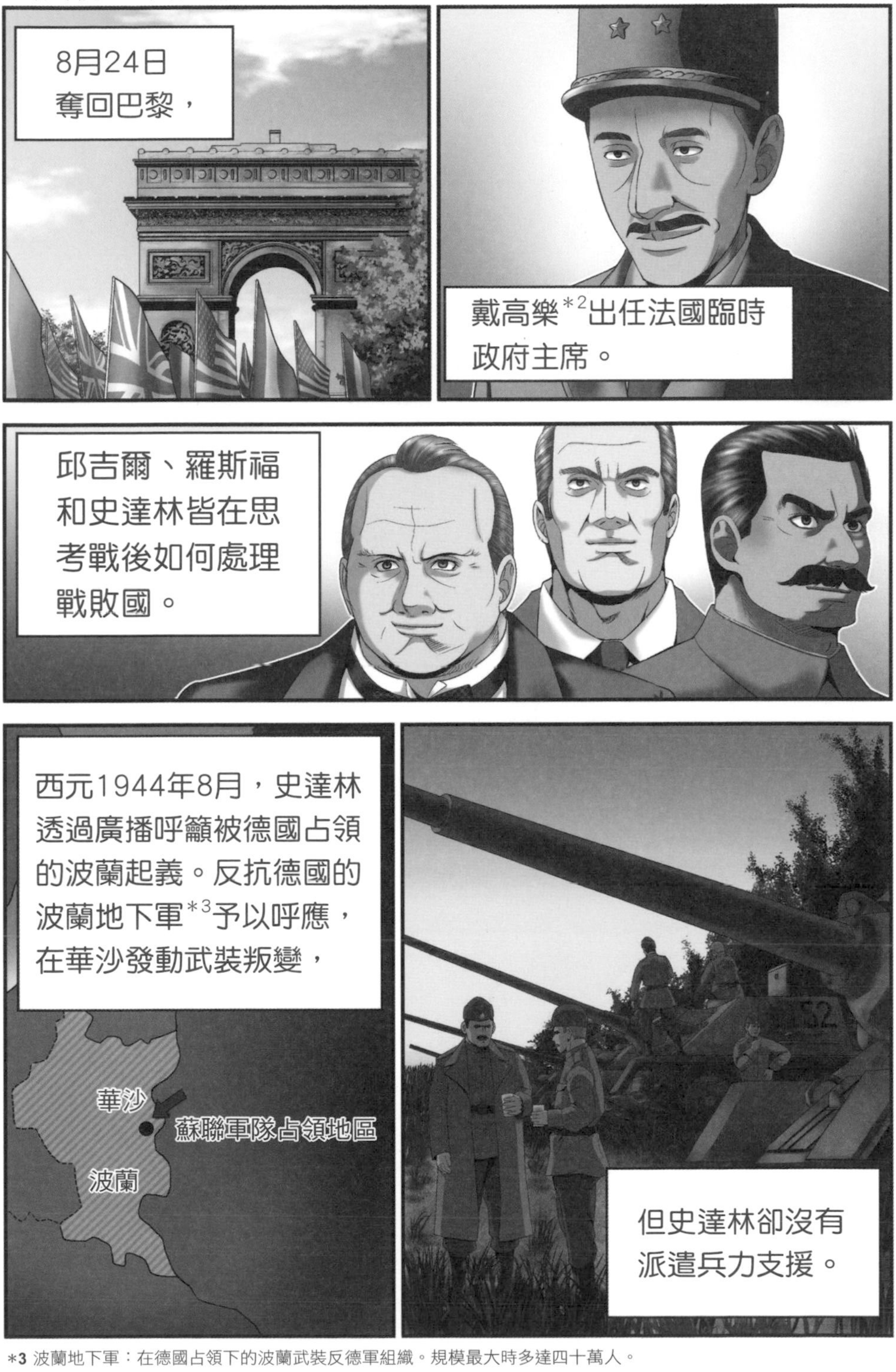
8月24日
奪回巴黎，
戴高樂*2出任法國臨時政府主席。
邱吉爾、羅斯福和史達林皆在思考戰後如何處理戰敗國。
西元1944年8月，史達林透過廣播呼籲被德國占領的波蘭起義。反抗德國的波蘭地下軍*3予以呼應，在華沙發動武裝叛變，
華沙
蘇聯軍隊占領地區
波蘭
但史達林卻沒有派遣兵力支援。

*3 波蘭地下軍：在德國占領下的波蘭武裝反德軍組織。規模最大時多達四十萬人。

小知識

奪回巴黎後，法國開始對占領期間協助德軍的巴黎市民展開報復，許多人在群眾面前遭到暴行，甚至未經審判就被處死。與德軍交往的女性也被脫掉衣服與剃光頭，成為眾人不齒之徒，有的被趕出小鎮，有的直接被殺害。

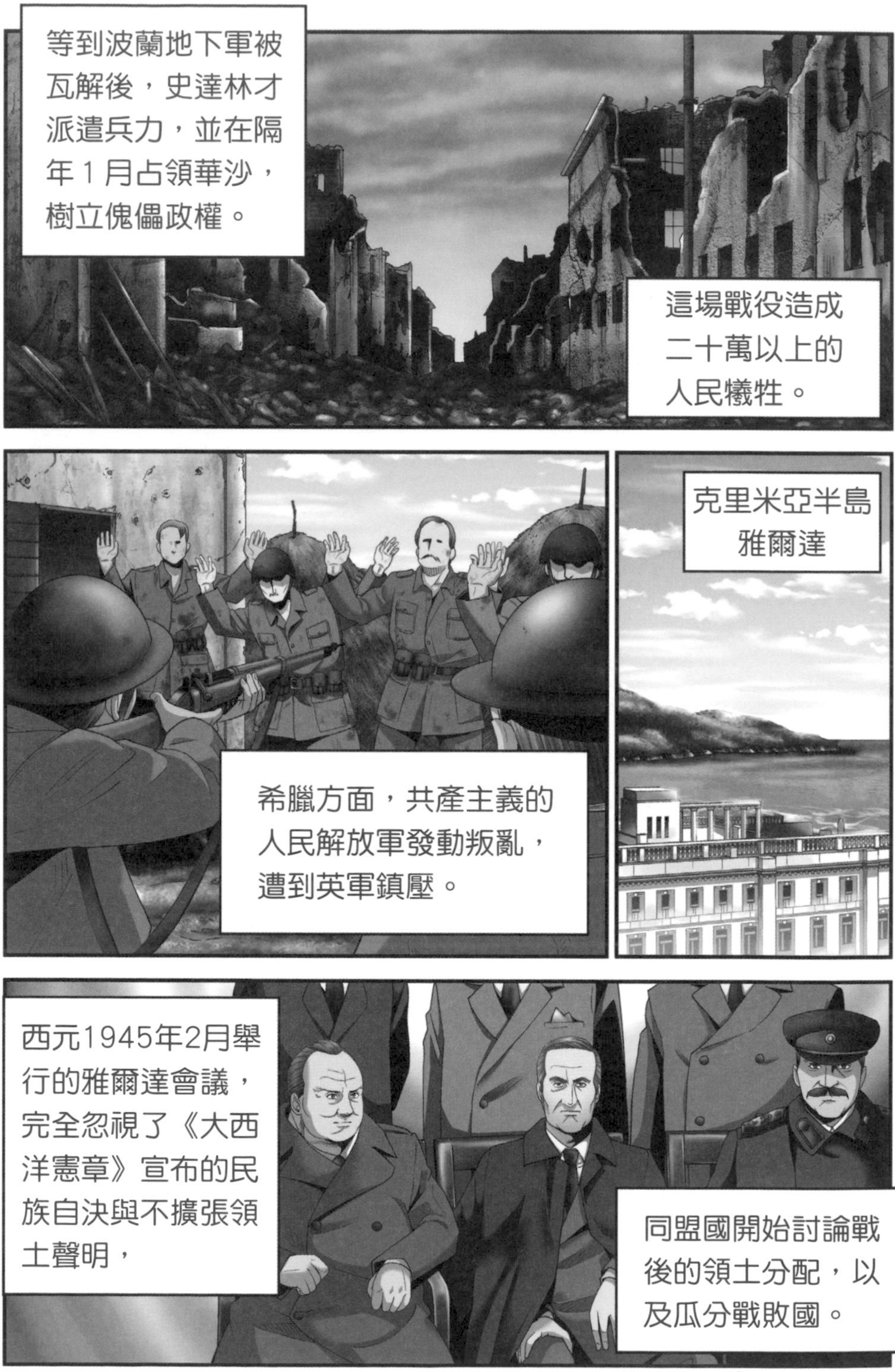
等到波蘭地下軍被瓦解後，史達林才派遣兵力，並在隔年1月占領華沙，樹立傀儡政權。
這場戰役造成二十萬以上的人民犧牲。
希臘方面，共產主義的人民解放軍發動叛亂，遭到英軍鎮壓。
克里米亞半島
雅爾達
西元1945年2月舉行的雅爾達會議，完全忽視了《大西洋憲章》宣布的民族自決與不擴張領土聲明，
同盟國開始討論戰後的領土分配，以及瓜分戰敗國。

小知識

波蘭地下軍以為蘇聯會立刻派軍支援而於華沙起義。不過，蘇聯只是靜靜地袖手旁觀，因此波蘭地下軍在西元1944年10月被德軍鎮壓。日後，部分逃至郊外森林的波蘭地下軍，對占領華沙的蘇聯軍隊展開報復攻擊。

柏林
元首官邸下的防空壕
西元1945年4月20日，希特勒在柏林地下防空壕度過第55次生日。
希特勒萬歲！
唰
各位，
沒想到我能等到這一天，

小知識

以直挺的姿勢，將右臂放在與胸口水平的位置後，手心向下，手臂往斜上方舉起的敬禮，稱為納粹禮，是衝鋒隊（SA）與親衛隊（SS）的正式敬禮。西元1944年7月發生暗殺希特勒未遂事件之後，德國國防軍也被迫實施納粹禮。現代德國以法律禁止這個敬禮方式。

小知識

西元1929年10月，伊娃・布朗（西元1912～45年）與希特勒相遇。當時伊娃十七歲，剛從修道院經營的女子職業學校畢業，兩人相差二十三歲。希特勒在自殺之前的4月28日凌晨零時與伊娃結婚，兩人的夫妻名分只有一天半。

也沒想到會是在地底。
呵
呵呵。
微笑
伊娃・布朗
元首閣下，為了重振士氣，是否先離開首都呢？
撲通
撲通
此時，蘇聯軍隊不斷進逼，柏林勢成戰場。希特勒身邊的軍官強烈希望希特勒逃出柏林。

不，元首怎能棄首都於不顧，放棄這個無人能比的世界第三帝國永遠之都。

傳令給國防軍司令部，
堅決
狼*，要留在柏林。

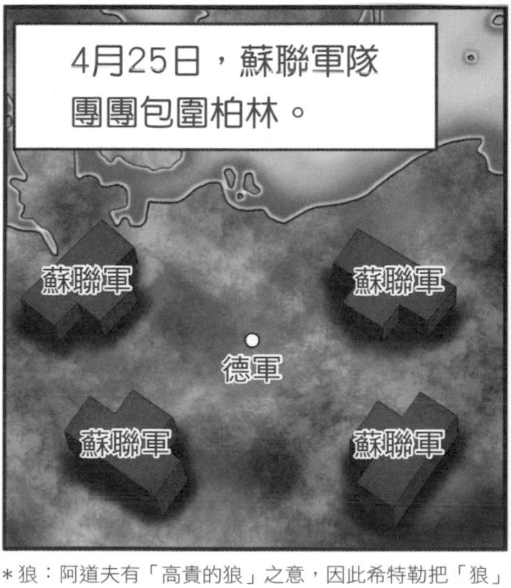
4月25日，蘇聯軍隊團團包圍柏林。
蘇聯軍
蘇聯軍
德軍
蘇聯軍
蘇聯軍

4月29日，希特勒讓人抄下口述遺言，並與未婚妻伊娃舉行結婚典禮後——

＊狼：阿道夫有「高貴的狼」之意，因此希特勒把「狼」當成自己的綽號。阿道夫這個名字在希特勒的時代並不罕見，但第二次世界大戰之後，在德語圈變成令人唾棄的名字。

小知識

希特勒與伊娃的屍體被淋上汽油後焚毀。蘇聯軍隊雖然發現希特勒燒焦的遺體，但史達林不相信，認為這個遺體有偷天換日的嫌疑，而希特勒已逃出柏林。希特勒自殺一事成謎，民間也流傳著第二次世界大戰後仍活著的說法。

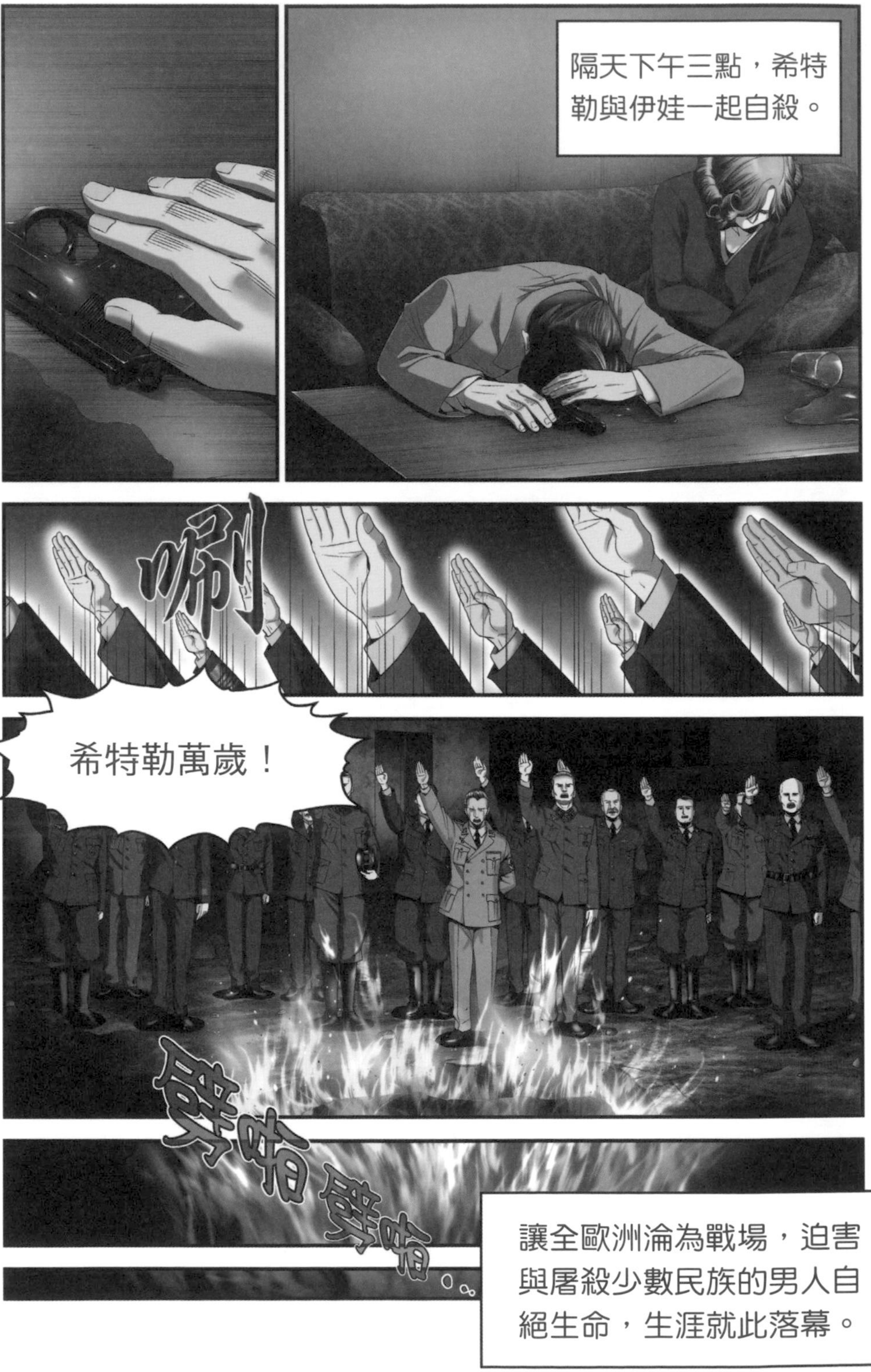
隔天下午三點，希特勒與伊娃一起自殺。
唰
希特勒萬歲！
劈啪
劈啪劈啪。。
讓全歐洲淪為戰場，迫害與屠殺少數民族的男人自絕生命，生涯就此落幕。

5月2日，蘇聯軍隊占領失去希特勒的柏林。
被指名為繼任者的鄧尼茲*於5月8日向同盟國遞出降書。至此，同盟國的敵人只剩下日本。
然而，第二次世界大戰中，數百萬蘇聯人被納粹德國俘虜，被迫替德軍勞動與服兵役，
儘管遭到強迫，這些倖存的數百萬名蘇聯戰俘，卻仍被史達林視為協助德軍的人，
史達林稱呼他們為叛徒，視之為已死之人，

小知識

希特勒死後，宣傳部長戈培爾舉家自殺，空軍部長戈林在戰後的紐倫堡國際軍事法庭被裁決為戰犯，宣判死刑後，在執刑前先行自殺。蓋世太保最高領袖希姆萊變裝逃亡，最後仍被英軍逮捕而自殺。

＊鄧尼茲（西元1891～1980年）：卡爾・鄧尼茲，德國海軍元帥。根據希特勒遺書成為繼任者，與同盟國軍隊簽訂無條件投降的降書。希特勒稱他為「海上的隆美爾」，給予極高評價。

小知識

史達林長子雅科夫・朱加什維利於蘇德戰爭中被德軍俘虜，德國大肆宣揚這項功績，並提議以史達林格勒戰役抓到的保盧斯元帥交換雅科夫，但史達林拒絕，結果雅科夫以戰俘身分在集中營裡去世。

大戰結束後，他們不是被拘留就是遭處死。

史達林的確戰勝德國，但蘇聯軍民因為第二次世界大戰犧牲超過兩千萬人。

納粹德國投降之後，7月至8月初，美國、英國、蘇聯三個國家的首腦齊聚柏林郊外的波茨坦，召開戰後的善後會議。

羅斯福在希特勒死前約半個月，心臟病突發辭世，由副總統杜魯門*1升任為總統。
艾德禮*2在選舉時打敗邱吉爾成為英國首相，會議中途換人。
唯一不變的只有這個男人。
呵
呵
總書記，有件事我只在這裡說，
我們正在開發前所未有的強大武器。

小知識

勝利近在眼前的西元1945年4月12日，富蘭克林・羅斯福辭世。得知羅斯福辭世的希特勒大為欣喜，日本政府則基於外交禮節，以首相名義發表哀悼聲明。此外，西元1951年10月的選舉，邱吉爾打敗艾德禮，再度成為首相。

***1** 杜魯門（西元1884～1972年）：全名為哈利・S・杜魯門。第三十三任美國總統（在任期間西元1945～53年）。

***2** 艾德禮（西元1883～1967年）：全名為克萊門特・理查・艾德禮。英國首相（在任期間西元1945～51年）。

杜魯門口中的強大兵器就是——
西元1945年7月16日
新墨西哥州
阿拉莫戈多荒野
喀
核子武器「原子彈」。核子武器是對放射性物質鈾施加高壓，產生核分裂或核融合的連鎖反應與龐大能量，再將這股龐大能量用於破壞的武器。
轟
轟
轟
轟
轟
轟
轟

小知識

西元1945年7月16日，世界首次進行核爆試驗，稱為「三位一體核爆試驗」，第一顆爆炸的原子彈代號為「小工具」。這次試驗只進行鈽彈試爆，鈾彈則於實戰時施放。現今試驗場所已成為美國陸軍飛彈試驗場的一部分。

*1 李奧・西拉德（西元1898～1964年）：猶太裔物理學家、分子生物學家。出生於奧匈帝國。西拉德在寫給羅斯福的信中，特別邀請知名物理學家愛因斯坦聯名簽署。

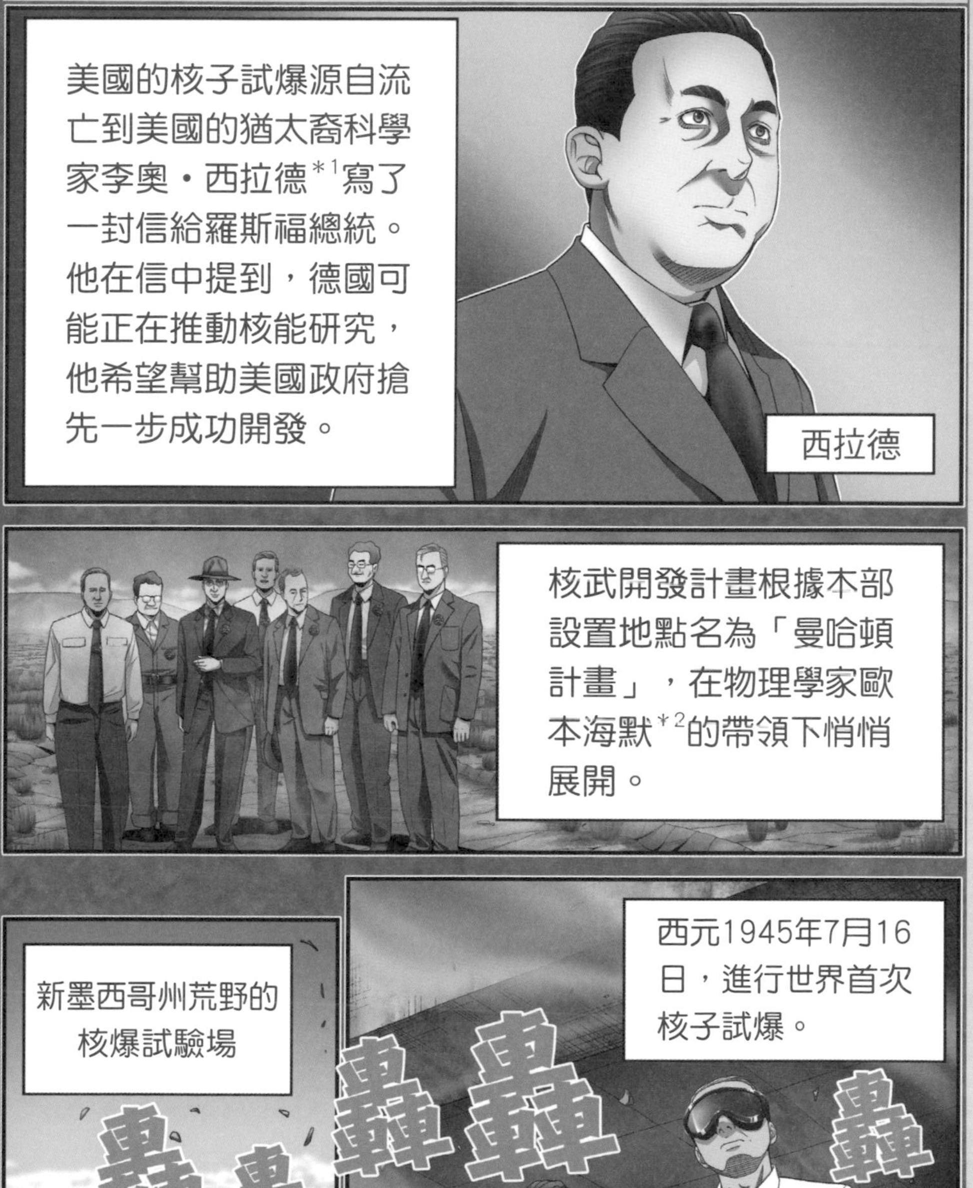
美國的核子試爆源自流亡到美國的猶太裔科學家李奧・西拉德*1寫了一封信給羅斯福總統。他在信中提到，德國可能正在推動核能研究，他希望幫助美國政府搶先一步成功開發。
西拉德
核武開發計畫根據本部設置地點名為「曼哈頓計畫」，在物理學家歐本海默*2的帶領下悄悄展開。
新墨西哥州荒野的核爆試驗場
西元1945年7月16日，進行世界首次核子試爆。
轟轟
轟轟
轟

*2 歐本海默（西元1904～67年）：羅伯特・歐本海默，猶太裔物理學家，出生於美國，以洛斯阿拉莫斯國家實驗室所長身分，領導科學家們開發原子彈。

小知識

羅斯福於西元1942年10月通過曼哈頓計畫。該計畫由美國陸軍萊斯利・格羅夫斯（西元1896～1970年）中將指揮，歐本海默擔任科學家們的負責人。儘管動員大量科學家、技師、大學和民間企業參與，卻能以完全不走漏風聲的方式進行。

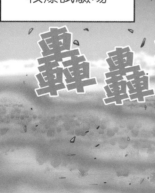

小知識

原子彈有不同引爆方式，「小男孩」屬於槍管式，引起核分裂反應再爆炸；「胖子」則屬於內爆式。

嗯。
一切很順利。
羅伯特・
歐本海默
如此一來，
我們都變成大混蛋。
肯尼斯・
班布里奇*1
納粹德國敗北後，西拉德得知德國並未開發核武，他害怕戰後會展開核武競爭，要求不對日本使用原子彈*2，但這項要求最終未被接受。
為了在日本投下原子彈，美國分別製造鈾彈「小男孩」與鈽彈「胖子」。

*1 肯尼斯・班布里奇（西元1904～96年）：哈佛大學物理學教授，三位一體核爆試驗的負責人。

*2 西拉德及其他科學家曾向美國政府提出，原子彈將造成政治問題與社會問題的報告書《法蘭克報告》，並曾建議於無人地帶投擲原子彈，對日本展示威力即可，但這份報告終究被忽略。

喔？
新武器嗎？
轉頭
之後務必讓我瞧瞧啊！
奸笑
是什麼反應呢？
看起來不太擔心，他應該還沒掌握核武開發的情報。
呵
在核武方面，看來我們遙遙領先共產主義者。

小知識

西元1945年6月26日簽署《聯合國憲章》後，聯合國於10月24日成立。這個國際機構的英文名稱為United Nations。聯合國常任理事國原本只有美、英、蘇三國，後來加入法國和中國，增加至五國。

小知識

原子彈「小男孩」投擲在廣島，「胖子」投擲在長崎。據説廣島的死亡人數為九萬到十二萬，長崎的死亡人數則為七萬四千人左右。倖存的人們因為曝露在強烈的輻射下而罹患白血病，極為痛苦地死去。有意見認為，投擲原子彈殺死這麼多無辜平民的美國才是戰犯。

杜魯門以為蘇聯不知道任何有關核武開發的情報，但史達林的心計遠在杜魯門之上。
聽美國口氣，簡直以為納粹是他們一手扳倒的，
不可理喻！
他們想怎樣就怎樣吧！
反正最後笑的是我們。
哼
西元1943年，史達林已命令伊格爾・庫爾恰托夫*1開發原子彈，因此蘇聯也於西元1949年8月完成核爆試驗。
日本政府無視於要求無條件投降的《波茨坦宣言》*2，結果——
R
82
喀

*1 伊格爾・庫爾恰托夫（西元1903～60年）：蘇聯物理學家。史達林命令他在西元1948年之前完成原子彈開發。

*2《波茨坦宣言》：以美國總統、英國首相、中華民國政府主席的名義，在西元1945年7月26日發表的對日勸降宣言。

西元1945年8月6日，美國總統杜魯門下令在廣島投擲原子彈，緊接著又在8月9日下令投擲第二顆原子彈於長崎。
在長崎投擲原子彈的前一天，蘇聯對日本宣戰。

8月14日，日本接受同盟國的《波茨坦宣言》，無條件投降。

小知識

第二次世界大戰之前，日本與蘇聯已簽訂《蘇日中立條約》，但蘇聯片面毀約，於西元1945年8月9日對日本及滿州國展開攻擊。日本政府之所以放棄作戰，原因除了兩顆原子彈，還有蘇聯對日宣戰。

小知識

美國原本打算日本若不投降，除了投擲原子彈，還要進行登陸日本的「沒落行動」。這項計畫包含在九州南部登陸的「奧林匹克行動」（預定於西元1945年11月1日展開），以及在日本關東地區登陸的「小王冠行動」（預定於西元1946年3月1日展開），最後因日本投降而中止。

哇啊啊啊啊
WAR is OVER!!
於是，第二次世界大戰在犧牲者高達五千萬人的情況下終於結束。

全彩漫畫 NEW 世界歷史

11 經濟大恐慌與第二次世界大戰

深入理解漫畫內容

時代總結

本單元注意事項

1 各符號代表意義：→世界遺產、→重要詞句、→重要人物、→美術品、遺跡

2 重要詞句以粗體字標示，附解說的重要詞句以藍色粗體字標示。

3 同一語詞若出現在兩處以上，將依需要標注參考頁碼。參考頁碼指的是「時代總結」中的頁碼。例：（→ p. ○○）

4 年代皆為西元年。西元前有時僅標記為「前」。11 世紀以後的年代除了第一次出現外，有時會以末尾兩位數標示。

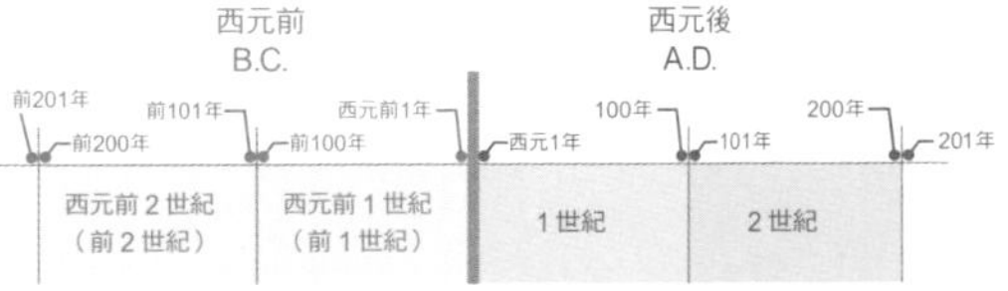

西元前
B.C.
西元後
A.D.
前201年
前200年
前101年
前100年
西元前1年
西元1年
100年
101年
200年
201年
西元前 2 世紀
（前 2 世紀）
西元前 1 世紀
（前 1 世紀）
1 世紀
2 世紀

5 人物除了生卒年之外，若是王、皇帝或總統，會標記在位（在任）期間，標記方式為「在位或在任期間○○～○○」。

6 國家或地區名稱略語整理如下：

英：英國／法：法國／德：德國／義：義大利／西：西班牙／奧：奧地利／荷：荷蘭／普：普魯士
俄：俄羅斯／蘇：蘇聯／美：美利堅合眾國／加：加拿大／土：土耳其／澳：澳洲／印：印度／中：中國
韓：韓國（大韓民國）／朝：朝鮮／日：日本／歐：歐洲

時代總結 年表　西元 20 世紀

年代	世界整體	美洲（美國、拉丁美洲）	歐洲：英國	歐洲：法國	歐洲：德國
1925 年	1927 日內瓦裁軍會議	1929.10 華爾街股市崩盤			
1930 年	1930 倫敦裁軍會議	1931《延債宣言》 1933～ 羅斯福新政 1933.11 承認蘇聯 1934.5 承認古巴獨立	1932 渥太華會議（集團經濟形成）		1933.1 希特勒就任總理 1933.10 退出國際聯盟 1934.8 希特勒成為元首
1935 年	1938 慕尼黑會議	1935《華格納法》通過，工會運動發展			德義日三國簽訂《反共產 1938.3 併吞奧地利 1939.3 捷克斯洛伐克解體 1939.8 簽訂《蘇德互不侵犯條約》
	第二次世界大戰爆發（英法對德宣戰）（1939.9）				
1940 年	1941《大西洋憲章》 1943.11 開羅會議 1944.6 同盟國諾曼第登陸	1941.3《租借法》 1941.12 日軍攻擊珍珠港 太平洋戰爭（1941.12） 1942.8 美軍登陸瓜達康納爾島	1940.5 邱吉爾內閣組成 1941.5 德國空軍轟炸倫敦	1940.6 對德投降（維琪政府成立） 1944.8 奪回巴黎	德義日三國同盟簽訂（194 德義對蘇宣戰（1941.6）
1945 年	1945.2 雅爾達會議 1945.6 舊金山會議 1945.7《波茨坦宣言》	1945.8 在廣島、長崎投擲原子彈			1945.5.7 德國投降
	第二次世界大戰結束（1945.8）				

▼慕尼黑會議

©PPS 通信社

將德國人較多的捷克蘇臺德地區併入德國。

亞洲

義大利　蘇聯　日本　中華民國

中華民國：1926（～28）國民黨北伐
中華民國：1927 四一二事件

日本：1927 金融恐慌

蘇聯：1928
第一次五年計畫

世界經濟大恐慌（1929）

九一八事變爆發（1931.9）

李頓調查團（1932.2）

滿州國建國宣言（1932.3）

日本：1933.3 宣布退出國際聯盟

中華民國：1934.10
中國共產黨長征開始

蘇聯：1934.9
加入國際聯盟

義大利：1935
侵略衣索比亞

義大利：1936.10 建立
柏林-羅馬軸心

蘇聯：1936.12
史達林憲法通過

中華民國：1936.12 西安事變

中日戰爭爆發（盧溝橋事變）（1937.7）

日本：1937.11
德義日三國簽訂《反共產國際
協定》

中華民國：1937.9
第二次國共合作展開

協定》（1937.11）

義大利：1937.12
退出國際聯盟

日本：1940.9 德義日三國同盟（軸心國）

蘇聯：1941.4
《蘇日中立條約》

日本：1941.4 《蘇日中立條約》簽訂

日本：1941.12 登陸馬來半島、攻擊
珍珠港

蘇聯：1941.6 蘇德戰爭

太平洋戰爭爆發（1941.12）

日本：1942.6 中途島海戰

中華民國：1943.11
蔣介石參加開羅會議

義大利：1943.9
義大利投降

日本：1945.4 美軍登陸沖繩

日本：1945.8 原子彈投擲在廣島、
長崎

日本：1945.8.14 無條件投降，接受
《波茨坦宣言》

蘇聯：1945.8 對日宣戰

中日戰爭、太平洋戰爭結束（1945.8）

美國
（阿拉斯加）
加拿大
冰島
愛爾蘭自由邦
（1922）
英國
倫敦
巴黎
法國
葡萄牙
里斯本
西班牙
摩洛哥
阿爾及
法屬西
達卡
多哥
賴比瑞亞
英法託管
南非聯邦
託管
大西洋
蒙特婁
渥太華
波士頓
紐約
美國
華盛頓
經濟大恐慌開始（1929.10.24）
威爾遜的《十四點和平原則》1918年
國際聯盟成立 1920年
（美國不參加）
墨西哥
墨西哥城
古巴
（1902）
雅買加
海地
太平洋
巴拿馬
卡拉卡斯
巴拿馬運河開通 1914年
委內瑞拉
圭亞那
哥倫比亞
厄瓜多
巴西
利馬
祕魯
玻利維亞
里約熱內盧
巴拉圭
聖地牙哥
阿根廷
烏拉圭
智利

經濟大恐慌（➡p.8）造成的美國失業勞工

©PPS通信社

大部分人都相信美國會一直發展下去。不過，經濟大恐慌爆發後，導致大量的勞工失業，整個鎮上到處都是找工作的人。

滿州國（➡p.16）**招募海報**

滿洲へ!!
申込ハ市町村役場へ

©PPS 通信社

滿州國提出「五族（漢族、朝鮮、滿族、蒙古族、日本人）協和」、「王道樂土」的口號，實情卻是由日本關東軍實質統治且握有實權。

俄羅斯革命 1917年
五年計畫開始 1928年
挪威
瑞典
芬蘭
蘇維埃社會主義共和國聯邦
比利時
荷蘭
德國
蒙古
（1924 人民共和國）
滿州國
（1932）
伊斯坦堡
義大利
土耳其共和國
（1923）
北京
中華民國
日本
阿富汗
（1919）
巴勒斯坦
伊拉克
（1932）
上海
太平洋
開羅
中國共產黨成立 1921年
利比亞
埃及
（1922）
英屬印度
沙烏地阿拉伯王國
（1932）
日本託管
加爾各答
緬甸
蘇丹
（1899～英埃共同統治）
孟買
葉門王國
（1918）
泰國
菲律賓
馬里亞納群島
馬紹爾群島
關島
衣索比亞
（1936～41，由義大利統治）
法屬印度支那
馬尼拉
索馬利亞
英屬馬來半島
加羅林群島
新加坡
比利時屬剛果
俾斯麥群島
英國託管
荷屬東印度
印度洋
英國託管
澳洲託管
澳大利亞
（大英國協自治殖民地）
南非聯邦
（1910）
雪梨
開普頓
坎培拉
威靈頓
紐西蘭

時代總結 歷史地圖

第一次世界大戰後的世界

列強領土

- 美國領土
- 英國領土
- 法國領土
- 西班牙領土
- 葡萄牙領土
- 比利時領土
- 荷蘭領土
- 義大利領土
- 德國在第一次世界大戰後喪失的海外領土
- （　）為獨立年代或建國年代

第一次世界大戰後的國際社會透過凡爾賽體制與華盛頓體制進入安定期。然而，這些體制皆建立在戰敗國的負擔上，尤其是德國，不但海外殖民地被瓜分，戰債高築及過度嚴厲的經濟懲罰造成政局不穩，使希特勒率領的納粹黨逐漸抬頭。

冰島
芬蘭
挪威
瑞典
蘇聯
愛沙尼亞
莫斯科
拉脫維亞
丹麥
英國
立陶宛
愛爾蘭共和國
（愛爾蘭）
倫敦
荷蘭
德國
[軸心國]
柏林
華沙
波蘭
比利時
波希米亞和摩拉維亞
保護國
奧斯威辛
巴黎
斯洛伐克
達豪
匈牙利
維琪政府成立
（親德政權）1940.7
瑞士
維琪
羅馬尼亞
法國
南斯拉夫
保加利亞
葡萄牙
義大利
[軸心國]
西班牙
佛朗哥政權成立
1939年
土耳其
希臘
阿爾巴尼亞

時代總結 歷史地圖

第二次世界大戰中的歐洲（1939～42年）

1939年9月，德國入侵波蘭後，引爆了第二次世界大戰。德國於1940年4月入侵丹麥與挪威，5月陸續入侵荷蘭與比利時，最後攻入法國，占領巴黎。

1939年（開戰前）的德國領土
至1941年的軸心國成員
至1942年的軸心國占領地區
1942年的義大利領土
中立國　同盟國
德國設置的滅絕營、集中營
軸心國最大勢力（1942年）（義、德）
1939年9月蘇德勢力分界線

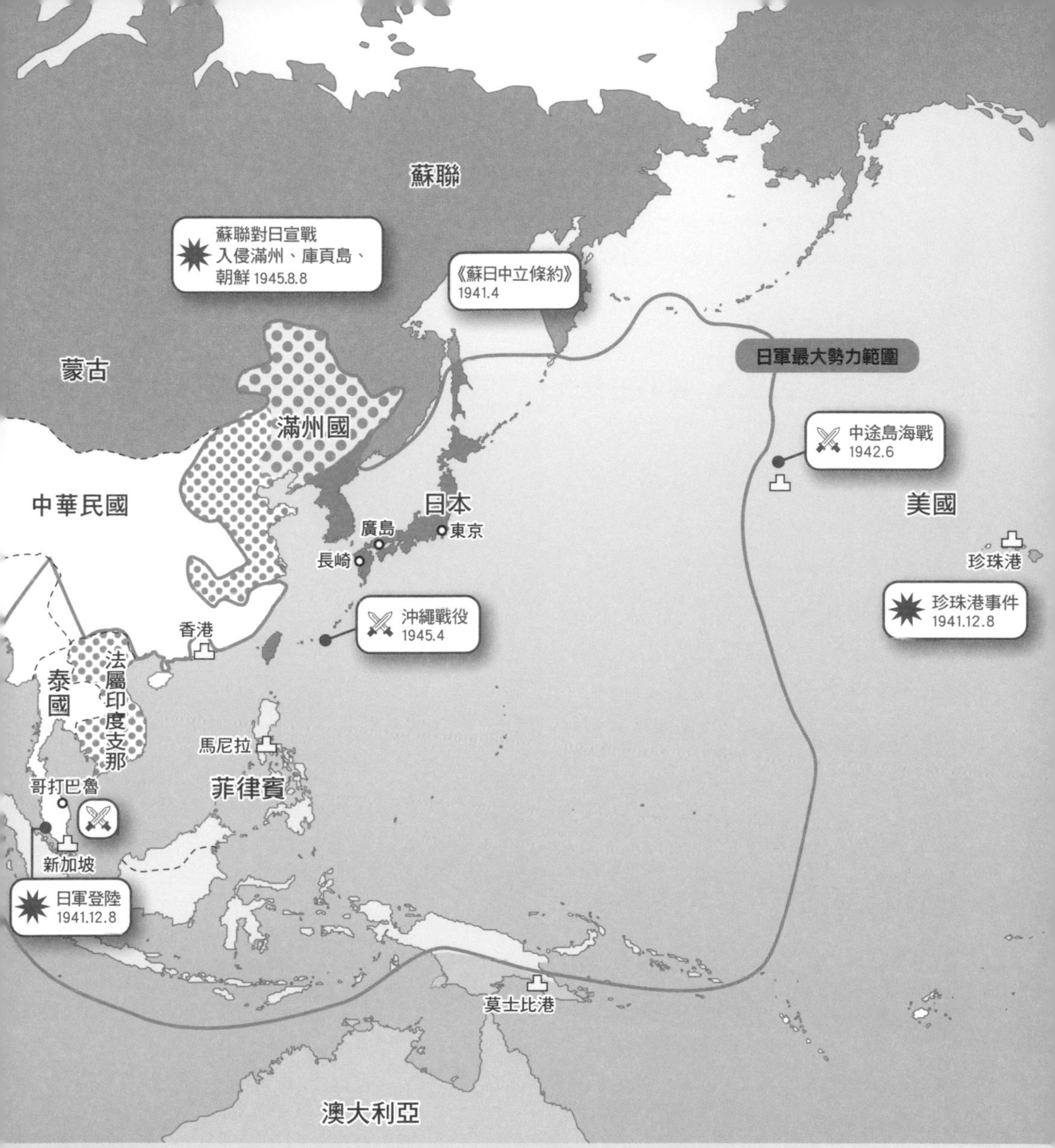
蘇聯
蘇聯對日宣戰
入侵滿州、庫頁島、
朝鮮 1945.8.8
《蘇日中立條約》
1941.4
日軍最大勢力範圍
蒙古
滿州國
中途島海戰
1942.6
中華民國
日本
美國
廣島
東京
長崎
珍珠港
珍珠港事件
1941.12.8
香港
沖繩戰役
1945.4
法屬印度支那
泰國
馬尼拉
菲律賓
哥打巴魯
新加坡
日軍登陸
1941.12.8
莫士比港
澳大利亞

時代總結 歷史地圖
第二次世界大戰中的亞洲與太平洋

開戰當時的日本領土
開戰當時的日本勢力範圍
同盟國基地
主要戰役

1941年12月8日，日本突襲位於夏威夷珍珠港的美軍基地，引爆太平洋戰爭。日本基於「大東亞共榮圈」的構想，在菲律賓、緬甸建立親日政權。名義上是為了解放亞洲民族，與亞洲民族共存共榮，實則希望擴大日本統治的殖民地。

1 經濟大恐慌

西元1929年發生的經濟大恐慌使各國採取集團經濟，造成壁壘分明的局面，進而引發第二次世界大戰。

經濟大恐慌是怎麼發生的？

1 美國經濟混亂

西元1929年10月，**紐約**華爾街*1股票市場發生股價崩跌，工業生產速度因此急速下滑，許多企業倒閉，失業人口飆升，同時間許多銀行相繼關門，導致民眾陷入恐慌。

造成上述情況的原因之一是，西元1920年代的好景氣讓許多企業生產超過需求的大量商品；其次，農業不振，導致美國農民購買力下滑；再者，提高關稅（對進口貨物課徵的稅）的貿易政策*2與第一次世界大戰戰敗國必須支付難以負擔的賠償金等原因，讓國際貿易變得不活絡。

此外，資金過度集中於世界

▼股價暴跌而陷入混亂的華爾街

©PPS 通信社

*1 位於紐約曼哈頓的街道。除了有證券交易所，許多證券公司和銀行也聚集於此。華爾街指的就是美國的金融、證券市場，在華爾街的證券交易所就是紐約股票市場。

*2 某個國家提高關稅會使另一個國家也提高關稅，所以貿易額會因此縮小。這種政策雖然可以保護國內經濟，但是對國際貿易並非好事，特別是開發中國家常因此遭受打擊。

用語解說

股價崩跌

股價下跌幅度約在一個月之內直到底端。由於股價開始暴跌的10月24日為星期四，所以這天又稱為「黑色星期四」。

恐慌

資本主義中，有所謂好景氣→景氣下滑→壞景氣→景氣回升四個階段的循環，過於快速陷入壞景氣的情況稱為恐慌。

金融中心的美國，導致股票與土地被當成投機工具，而過度的投機行為也是造成恐慌的原因之一。西元1932年年底前，美國有四分之一勞工完全失業，相當於一千三百萬人找不到工作。

2 經濟大恐慌

美國經濟危機瞬間波及整個世界，形成**經濟大恐慌**。美國總統胡佛於西元1931年發表《延債宣言》，提出賠償與戰爭賠款延期一年支付，企圖撫平這場恐慌，可惜並未奏效。經濟大恐慌讓全世界的貿易額在西元1932年年底，下滑到原有的三分之一。

歐洲如何因應經濟大恐慌？

1 英國、法國

英國方面，西元1931年麥克唐納與保守黨、自由黨一同組建**全民政府***3，實施財政緊縮政策，於是以英鎊為主要貨幣的集團經濟圈在西元1932年形成。集團經濟的主要目的在於對集團經濟圈外的國家課徵高關稅，藉此讓圈內商品交易變得活絡，這個集團就稱為英鎊集團。

胡佛（在任期間西元1929～33年）

©PPS 通信社

在眾人歌詠美國「永遠的繁榮」時當選總統，卻無法透過政策因應經濟危機，西元1932年的選舉敗給民主黨的羅斯福（→p.10）。

麥克唐納（在任期間西元1924、29～31、31～35年）

擔任英國工黨黨魁，多次成為首相。為了成立全民政府，由國王出面居中協調。

*3 接二連三發生戰爭、經濟恐慌等緊急事態，所以招攬反對黨，一同創建的內閣。第一次世界大戰時期，英國與法國都曾籌組全民政府。

▼西元1930年代的集團經濟圈

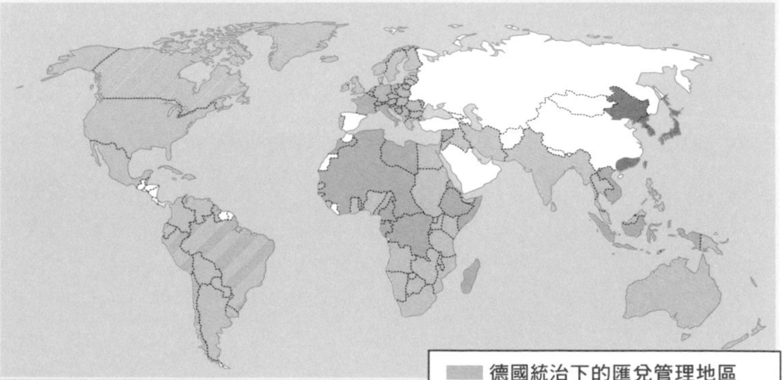

德國統治下的匯兌管理地區
英鎊集團（英鎊區）
日圓集團
法郎集團（金法郎區）
美元集團

用語解說

英鎊集團
又稱為「英鎊區」。西元1932年，在加拿大渥太華召開的渥太華會議中形成，英國、澳大利亞、紐西蘭皆參加。

法國則在西元1932年組成以法國貨幣法郎為主的法郎集團。法國仿照英國做法，以圈內的國家貿易為優先，同時限制與圈外的國家貿易。

2 德國

德國在第一次世界大戰後，為了英國、法國等協約國訂定的巨額賠款*4所苦，由於是從美國獲得資金方面的援助，因此經濟大恐慌讓德國經濟陷入更深的泥沼，使德國國民對協約國的不滿日益高漲，**希特勒**（→p.18）政權便在這般背景下出現。

用語解說

法郎集團

經濟大恐慌爆發後，法國為保護殖民地與親善國的貿易而籌組的集團。法國在西元1936年前採取金本位制度（以貨幣的含金量或可兌換的黃金決定貨幣價值），所以法郎集團又稱為金法郎區，參加國包括法國與法國殖民地。

*4 西元1919年，第一次世界大戰的戰敗國德國，背負了1320億金馬克的巨額賠款。協約國用意是讓德國無法再次發動戰爭。最後，德國在九十二年後西元2010年清償這筆巨額賠款。

*5 國營農場的農具屬於國有，負責耕作是支付租金的勞工。集體農場指的是土地和農具共享，共同擁有農場的制度。

經濟大恐慌爆發時，蘇聯情況如何？

經濟大恐慌對社會主義國家蘇聯的影響較小。西元1928年，史達林實施第一次五年計畫，不斷發展重工業與農業的集團化經營（見第10卷）。

西元1932年，許多農民陷入饑荒，史達林卻依然堅持打造國營農場與集體農場*5，持續推行社會主義。

面對經濟大恐慌，
美國實施新政因應，之後更
對協約國增加援助。

美國如何處理經濟大恐慌？

1 羅斯福新政

經濟大恐慌發生後，民主黨的富蘭克林・羅斯福於西元1932年的總統選舉獲勝，從共和黨的胡佛手中接下總統之位，緊接著實施新政因應經濟危機。

除了拯救銀行之外，西元1933年通過**《農業調整法》**（AAA）*6調升農產品價格，修正美國經濟到當前為止的自由放任

用語解說

新政

新政的原文為「The New Deal」，意思是「新的交易」。經濟大恐慌發生後，羅斯福在農業、工業、勞工領域實施諸多政策，美國經濟因此得以復甦。

主義，透過政府積極介入經濟提升農業所得。具體做法是調整玉米和小麥的生產量，讓農產品價格趨於穩定。之後這項法律被美國最高法院裁定為違憲，但西元1938年基於政府積極介入的概念，制定了第二次農業調整法。

此外，西元1933年制定了**《國家產業復興法》**（NIRA）*7。這項法律為了讓產業在經濟大恐慌之後復甦，允許企業共同議定工業產品的價格（卡特爾的壟斷行為，又稱企業聯盟），後來被美國最高法院裁定違憲。接著，成立田納西河流域管理局（**TVA**），實施大規模公共事業以擴大就業需求與拯救失業勞工。

富蘭克林・羅斯福（在任期間西元1933～45年）

©PPS 通信社

西元1928年當選紐約州州長，西元1932年當選總統，利用普及的廣播向國民演說（爐邊談話），並透過「睦鄰政策」改善與拉丁美洲各國的關係（→p.12）。是美國史上首位連續四任當選的總統，在任期內辭世。

*6 農家領取政府津貼，就能調降農產品生產量，農產品流通量也會隨著減少，農產品價格自然上漲。換句話說，這是一條讓農家生計得以安定的法律。

*7 避免價格和薪水下滑的法律。

用語解說

田納西河流域管理局（TVA）

在田納西河流域建設水壩，成立發電和振興農業的管理局，對調降電費也有貢獻。

▼ TVA 建設的方塔納水壩

©PPS 通信社

西元1935年，允許勞工組建工會的《華格納法》*8通過，工會運動變得活絡，西元1938年再設立產業工會聯合會（CIO）*9。

▼CIO會議情景 ©PPS通信社

這些措施均有透過保護勞工運動，提升勞工地位和所得的用意。此政策進一步保護了勞工權利，也促進企業之間公平競爭，減輕國民的不安，讓美國能夠遠離法西斯主義（→p.21），所以得到國民普遍支持。

❷ 美國的外交

美國在第二次世界大戰前，採取不干涉他國政治的中立主義，直到西元1933年承認蘇聯*10，且不斷牽制推動法西斯主義的德國和日本。此外，對拉丁美洲各國實施**睦鄰政策***11，西元1934年廢除《普拉特修正案》*12，承認古巴獨立，接受古巴進入美國經濟圈。

西元1933年，美國在倫敦召開的世界經濟會議*13上拒絕重新採用金本位制度*14，因為在金本位制度下，政府財政支出會受到限制。

▼經濟大恐慌之後的世界

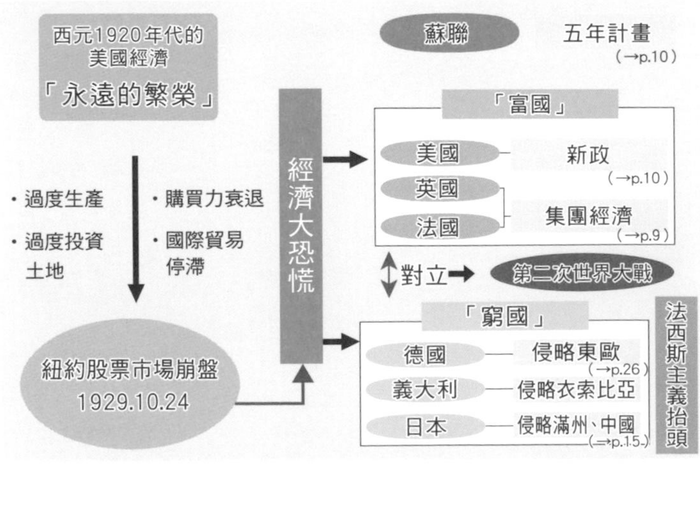

*8 華格納是提出此案的議員，根據這項法案，美國工會運動才得以發展。正式名稱為《國家勞資關係法》。

*9 美國工會組織，主要目的在提升勞工地位。西元1955年與美國勞工聯盟（AFL）合併。

*10 西元1917年俄羅斯大革命，讓蘇聯（蘇維埃社會主義共和國聯邦）成為社會主義國家。一開始，大部分資本主義國家都不承認蘇聯。一般認為，美國之所以承認蘇聯，是為了讓美國企業進入蘇聯市場。

*11 為保護經濟圈而放棄介入或干涉拉丁美洲各國，目的在改善關係的外交政策。其中包括停止占領海地及承認巴拿馬運河地區的主權。

*12 由美國議員普拉特提出的法案。內容主要是限制古巴的外交與財政，藉此掌控古巴。《普拉特修正案》廢除後，美國的經濟仍然對古巴產生影響。

*13 為解決經濟大恐慌造成的貨幣和經濟混亂，全世界六十四個國家代表齊聚倫敦召開的會議。美國將自家經濟復甦擺在第一順位之餘，因戰後賠款問題與英國形成對立，又因為貨幣（金本位制度）與法國及其他歐洲各國對立。

*14 以各國黃金持有量決定紙鈔（能兌換黃金的紙鈔）發行量的制度。西元1816年英國首度採行。

經濟大恐慌之外的泡沫經濟歷史

↑因股價暴跌，陷入一片混亂的紐約股票市場

©PPS 通信社

西元1929年發生的經濟大恐慌，是因為過度投資土地和股票，之後瞬間崩盤所造成的現象，又可以稱為「泡沫景氣」。不論過去或現代，都曾發生泡沫經濟的情況，接下來，就讓我們一起了解什麼是泡沫經濟。

1 世界首次出現的泡沫景氣

西元1600年，集世界財富於一身的荷蘭，有一種花非常受歡迎，那就是從鄂圖曼帝國進口，經過品種改良的鬱金香。因為基因突變，鬱金香「永遠的奧古斯都」擁有紫白條紋，其球根曾經飆漲到現代價格大約兩百萬～五百萬新臺幣，之後甚至以期貨（沒有現貨，只憑信用的交易）方式交易。為了買賣這種鬱金香，一般農民和花匠紛紛變賣家畜或財產，但西元1637年2月鬱金香價格突然暴跌，荷蘭各城市因此陷入混亂。這起事件則被稱為「鬱金香泡沫」。

↑永遠的奧古斯都

©PPS 通信社

2 連牛頓也蒙受嚴重損失的南海泡沫事件

西元1711年，英國政府設立了南海公司，一間為了拯救英國財政危機，獨占南美與南太平洋的奴隸貿易公司。由於民間流傳國王與議會也有出資的謠言，讓這間公司股價暴增三倍，轉型為接受國債（國家的借款）的公司後，股價更是暴漲十倍，直到西元1720年，人們開始拋售過熱的股票後，股價瞬間暴跌。這起事件被稱為「南海泡沫事件」，此時的「泡沫（Bubble）」在日後成為泡沫經濟的語源。據說，連英國科學家牛頓（西元1642～1727年）都蒙受巨大損失。

3 日本的泡沫景氣

西元1985年，已開發國家（美國、法國、西德、英國、日本）為了修正美元過高的情況（相對於美元，其他貨幣價值過低的狀態），達成「廣場協議」。日本方面，因為這協議而導致出口價格不斷上漲、出口不振，日圓高漲的不景氣現象，並使得重貼現率（中央銀行借給一般銀行資金時的利率）下滑。然而，不論企業或個人卻因此更容易向銀行借款，把借來的資金購買土地或股票，造就土地價格與股票不斷上漲的好景氣——這就是西元1980年代後半的「日本泡沫景氣」。

西元1990年，國家限制以土地作為借款擔保後，流動的資金戛然而止，泡沫經濟隨之破滅。銀行與證券公司等大型金融機構因此倒閉，物價跟著下滑，日本全國陷入普遍的不景氣。接著，又遭遇消費稅改革與亞洲金融危機*1，落入「失落的十年（二十年）」*2這種連續十年以上的不景氣現象，遲遲不見好轉。

*1 西元1997年，因泰國貨幣泰銖暴跌而於亞洲各國掀起的貨幣（經濟）危機。
*2 從泡沫經濟瓦解後的西元1993年開始，持續十年或二十年的不景氣。日本又稱為「平成不景氣」，平成是明仁天皇（在位期間西元1989年～）的年號。

4 動搖世界的雷曼事件

©PPS 通信社

雷曼兄弟公司倒閉
美國投資銀行雷曼兄弟倒閉時，招牌被拆下來的情景。

西元2001～2006年，美國發生住宅價格持續上漲的「住宅泡沫」。美國有一種低所得和信用欠佳的人也能借的「次級房貸」，利息雖高，但許多人認為只要賣掉房子就能償還，因此許多人會申請這種貸款。不過，當住宅價格不再上升，許多人開始無法償還貸款，之前貸款給民眾的公司因而無法回收債權，經營上也出現惡化。西元2008年，操作房貸債券的雷曼兄弟公司因為6130億美元（以當時的新臺幣計算，將近二十兆元）的負債而倒閉。與雷曼兄弟交易的公司遍及世界各國，所以該公司倒閉造成全面性的影響，最終演變成全球金融危機。

2 九一八事變與中日戰爭

日本的政黨政治失去民心，
軍方為了擴大在中國的統治
範圍而發動九一八事變。

九一八事變的起因是什麼？

1 日本經濟混亂與九一八事變

日本在第一次世界大戰時的景氣雖然不錯，但戰後卻開始惡化，西元1927年發生金融恐慌，西元1929年的經濟大恐慌更對日本經濟造成重大打擊。

經濟不振使勞資糾紛頻傳，國民生活陷入不安，政黨運作的議會政治失去國民信賴。日本軍方認為侵略中國能重振日本經濟，於是開始插手政治*1。

▲關東軍在滿州行軍 ©PPS 通信社

西元1931年9月18日，日本**關東軍***2於奉天郊外的**柳條湖**炸毀南滿鐵路，卻誣指中國軍隊炸毀日本人修築的鐵路，藉此發動軍事行動，將中國東北地區大部分範圍納入統治，此即九一八事變（日本稱為滿州事變）。

用語解說

九一八事變（西元 1931 ～ 32 年）

九一八事變時，東北邊防司令長官張學良人在北平（現在的北京），親自下令不發一槍，而蔣介石正在江西督師剿共。日本最後占領東北直到中日戰爭結束，長達十四年。張學良因此遭到責罵為「不抵抗將軍」。

*1 由年輕軍官主導，企圖推翻政黨政治、協調外交，財閥活動變得活絡，最後演變成五一五事件（西元1932年）與二二六事件（西元1936年）的軍事恐怖行動。

*2 日本在日俄戰爭後獲得遼東半島的租借地與南滿鐵路沿線地區，為了守護這兩個地區，在西元1919年組成關東軍。

西元1932年，中國抗日運動如火如荼進行時，日軍與中國軍隊在上海發生衝突（一二八事變，日本稱為第一次上海事變）。接著，日軍建立滿洲國*3，且在兩年後讓清朝最後一位皇帝溥儀登基。

*3 日本在九一八事變成立的傀儡政權（表面上是獨立國家，實質上是被他國統治的國家。傀儡就是用線操控的人偶）。滿洲國以新京（長春）為首都，將中國東北地區與內蒙部分地區視為領土。中國東北地區是滿族（女真）清朝皇帝愛新覺羅氏的故鄉。

溥儀（西元1906～67年）

©PPS 通信社

清朝的最後一位皇帝，因辛亥革命而退位。西元1934年成為滿洲國皇帝。

② 李頓調查團

中國向國際聯盟（簡稱國聯）申訴日本的軍事行動後，國聯派遣由**李頓***4率領的調查團前往中國，調查團提出報告，直指日本軍事行動並非日方主張的自衛行為。

*4 西元1876～1947年。英國人李頓是由五名成員組成的調查團團長。出生於印度，曾以伯爵身分在英國海軍服務，後來活躍於印度。

▼在柳條湖附近調查的李頓調查團　每日新聞社

中日戰爭是如何爆發的？

① 日本退出國聯

西元1933年，國際聯盟採信李頓的報告，決定不承認日本建立的滿州國。對此不滿的日本於西元1933年退出國聯，軍事行動也越來越強硬，一時間甚至近逼北京。

② 中日戰爭

中國國內的抗日運動因九一八事變延燒各地，但國民政府將重點放在打擊共產黨而非抗日。西元1934年，共產黨軍隊（紅軍）遭受國民政府攻擊後展開**長征***5，率領紅軍的**毛澤東***6於西元1935年發表**《八一宣言》***7，呼籲國民政府組成民族統一戰線。呼應該宣言的張學良*8拘留蔣介石，逼迫蔣介石展開抗日行動，並停止內戰（西安事變）。

西元1937年7月7月，日本與中國在北京郊外的盧溝橋附近發生軍事衝突（盧溝橋事變），中日之間展開全面戰爭（中日戰爭）。

日本占領南京*9、武漢、廣州等城市，於是中國共產黨與國民黨進行**第二次國共合作***10，國民黨將首都往西方遷移，從南京一直遷移到武漢、重慶，同時奮力抗日。面對中國頑強抵抗的日本，以國民黨左派的汪兆銘（汪精衛）為主席，在南京成立親日傀儡政權，但仍無法避免戰線拉長。

*5 指西元1934～36年，共產黨軍隊從江西省到延安之間約1萬2500公里的移動，並一邊與國民黨作戰的歷史。雖然兵力有限，但毛澤東展現過人的領導力。

*6 西元1893～1976年。日後建立了中華人民共和國，中國共產黨的領導人。西元1931年建立中華蘇維埃共和國臨時政府後，不斷被國民政府攻擊，在長征中展開高人一等的指揮能力。

*7 根據共產國際的人民戰線思維，主張停止內戰及對日本入侵展開民族抵抗運動的宣言。

*8 西元1901～2001年。中國軍人。日本關東軍炸死其父張作霖後，於九一八事變時主張抗日。西安事變後入獄，第二次世界大戰後遭長期軟禁於臺灣。

蔣介石（西元1887～1975年）
擔任孫文創立的黃埔軍校校長，掌控了所有軍權。第二次世界大戰後，於內戰敗給共產黨，輾轉逃至臺灣，建立中華民國政府。

*9 西元1937年，侵略中國的日軍占領國民政府首都南京之後，姦淫擄掠、大規模屠殺中國人，史稱南京大屠殺。

*10 中日戰爭時期，國民黨與共產黨合作，建立抗日民族統一戰線。紅軍被納入國民黨的指揮體系。

▼北京郊外的盧溝橋

©PPS 通信社

用語解說

西安事變

身為軍人的張學良監禁造訪西安的蔣介石事件。起初蔣介石拒絕抗日，但在共產黨周恩來（見第12卷）遊說下點頭抗日，因此得以走出牢獄。之後，國民政府開始接受共產黨。

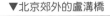

3 納粹德國與法西斯

德國因為經濟大恐慌遭受重大打擊，於是納粹黨逐漸抬頭，最後背棄《凡爾賽條約》。

納粹黨是如何抬頭的？

❶ 德國經濟敗壞

若以西元1929年（經濟大恐慌發生當年）的工業生產力為基礎值100，來衡量各國在大蕭條年代的經濟表現，德國在西元1930年滑落至86，美國則滑落至更低的81，導致德國經濟跌落谷底，國民對生活的不安與不滿日益增加，此時與共產黨勢力相當的納粹黨在希特勒的帶領下逐漸茁壯。

❷ 納粹黨抬頭與獨裁

經濟大恐慌之後的德國，納粹黨主張背棄《凡爾賽條約》與**排斥猶太人**[*1]，起初得到農民和中小企業經營者支持，後來慢慢擴大到全體國民，以及軍方和資本家的支持。西元1932年，納粹黨成為國會第一大黨；西元1933年，總統興登堡[*2]任命希特勒為總理。

▼納粹黨與希特勒的勢力擴大圖

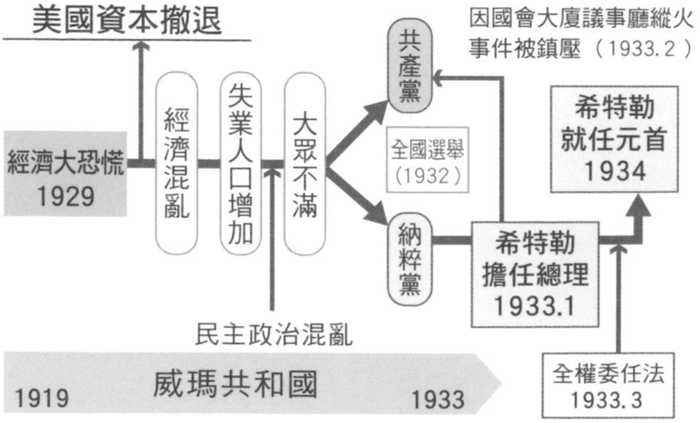
美國資本撤退
經濟大恐慌 1929
經濟混亂
失業人口增加
大眾不滿
共產黨
因國會大廈議事廳縱火事件被鎮壓（1933.2）
全國選舉（1932）
納粹黨
希特勒擔任總理 1933.1
希特勒就任元首 1934
民主政治混亂
全權委任法 1933.3
1919 威瑪共和國 1933

用語解說

納粹黨

指國家社會主義德國工人黨。德文的納粹與複數形的納粹，指的是納粹黨員與相關成員。

希特勒
（西元1889～1945年）

©PPS通信社

西元1921年成為納粹黨領導人。啤酒館政變失敗後，在獄中發表自傳兼政治聲明《我的奮鬥》。第二次世界大戰敗北後自殺。

*1 猶太人在歷史上有很長一段時間沒有自己的國家。希特勒強調日耳曼民族的優越性，進而迫害猶太人、羅姆人與殘障者。

*2 西元1847～1934年。第一次世界大戰打敗俄羅斯，成為國家英雄的軍人與政治家。議會政治運作失敗時，以總統職權任命希特勒擔任總理。

納粹黨政府鎮壓共產黨*3之餘，透過**全權委任法***4將立法權移交至政府，強迫非納粹黨的政黨解散，所有決策皆由納粹黨**一黨獨裁**。希特勒組織祕密警察（蓋世太保）與親衛隊（SS）*5，對反對人士和猶太人展開屠殺。許多自由主義者與猶太人被迫逃往外國。西元1934年興登堡總統辭世後，希特勒兼任總理與元首，成為掌握所有權力的獨裁者。

*3 西元1933年，發生柏林國會大廈議事廳縱火事件，荷蘭前共產黨黨員被視為犯人逮捕，德國共產黨也被迫解散。

*4 又稱《授權法》，納粹黨獨裁體制基礎法律。這是獲得在野黨協助，且共產黨員遭拘禁下通過的法律。

*5 祕密警察指納粹黨的祕密國家警察，主要負責取締反對納粹黨的勢力；而西元1925年成立的親衛隊則負責保護希特勒、管理集中營與取締反對勢力。

納粹黨利用獨裁體制進行哪些事？

❶ 推動公共事業

為了重振因戰後賠款所苦的德國經濟，希特勒推動建設高速公路系統，以及擴大其他公共事業。

此外，為了與英國、法國對抗，不斷擴大軍需工業。

用語解說

高速公路系統

希特勒的失業對策之一就是建設汽車專用的高速公路。第一條高速公路於西元1933年建設，現今已延伸至超過一萬公里的長度。該計畫在希特勒之前就已提出，希特勒實現這項計畫，並宣稱是自己的功勞。

▼高速公路開通的遊行儀式（西元 1934 年）

©PPS 通信社

② 屠殺猶太人

納粹黨不但鎮壓社會主義分子與支持民主政治者等批判勢力，而且在第二次世界大戰時徹底消滅與屠殺猶太人，被稱為「猶太人大屠殺」。納粹將德國國內與歐洲占領區的猶太人送入集中營（→p.29），強迫能勞動的人勞動，不能勞動的人就送到毒氣室殺害。

▼抵達奧斯威辛集中營的匈牙利猶太人（西元 1944 年）

©PPS 通信社

用語解說

猶太人大屠殺

英文為The Holocaust，指「在猶太教神殿獻上烤羔羊等祭物」。根據估計，超過六百萬猶太人因此犧牲。

*6 在日內瓦裁軍會議上遭否決軍事平等權後，希特勒便宣布退出國聯，同年日本也宣布退出，常任理事國只剩下英國、法國和義大利，而義大利則於西元1937年退出。興登堡總統支持退出，國民公投也有95%贊成。

用語解說

萊茵蘭

指萊茵河兩岸地區。這裡不但是德國領土，且集中許多工業和商業城市。在法國強烈要求下，《凡爾賽條約》將此處訂為非武裝地帶，禁止軍隊駐紮和軍事演習。

③ 重整軍備宣言與凡爾賽體制瓦解

西元1933年，德國**退出國際聯盟***6；西元1935年，宣布**重整軍備**及實施徵兵制。這些均是《凡爾賽條約》嚴禁的行動，英國和法國也為此抗議。緊接著，德國於西元1936年進軍萊茵蘭，凡爾賽體制完全瓦解。

法西斯國家如何擴張勢力？

① 墨索里尼登場與入侵衣索比亞

西元1919年第一次世界大戰後，墨索里尼籌組法西斯黨。西元1922年，數萬名法西斯黨員向羅馬進軍*7，控制義大利的中樞地帶，墨索里尼因此被任命為總理，墨索里尼的法西斯黨則不斷散布**法西斯主義（極權主義）**的言論。

為了解決經濟大恐慌造成的打擊，墨索里尼於西元1935年進攻衣索比亞，隔年進一步併吞。國聯雖然予以經濟制裁，但效果不彰，英國和法國則採取**綏靖政策***8。義大利與德國的關係變得融洽後，在西元1936年組成**柏林-羅馬軸心**。

用語解說

法西斯主義（極權主義）

義大利法西斯黨主張的思想，以反共產主義為基本路線，企圖在極端的國家主義下施行獨裁政治與侵略外國。納粹德國與戰前的日本都曾呼應。

墨索里尼（西元1883～1945年）

©PPS 通信社

率領西元1919年成立的法西斯黨，擴大勢力，主張強人領導的獨裁政治，來恢復過去羅馬帝國的光榮。

*7 羅馬爆發的法西斯黨政變。身著黑色襯衫的黨員們占領各地市公所與警察局，並朝羅馬進攻。國王命令墨索里尼組閣。

*8 又稱姑息政策。綏靖有安撫之意，此處指睜一隻眼、閉一隻眼的意思。有意見認為法西斯主義能夠壯大，部分原因是英國與法國採取綏靖政策。

▼法西斯黨員進軍羅馬的情景

©PPS 通信社

▼入侵衣索比亞時，以短槍射擊的義大利陸軍步兵。

©PPS 通信社

佛朗哥
（西元 1892 ～ 1975 年）
西班牙軍人，以摩洛哥叛亂為藉口，與政府軍展開內戰。之後成為國家元首，實施獨裁政治。

*9 人民陣線以反法西斯、反帝國主義、反戰主義為共同目標，統一反對勢力的陣營。法國的人民陣線政府也於西元1936年全國選舉時成立。

❷ 西班牙與蘇聯的動向

西班牙方面，軍方的佛朗哥對成立於西元1936年的反法西斯人民陣線*9政府不滿而發動叛變，德國與義大利立即給以支援。各國國際義勇兵與蘇聯則支持人民陣線政府，西班牙因此陷入內戰狀態。由於英國與法國採取不干涉政策，西元1939年，佛朗哥陣營獲得勝利。

蘇聯不斷推動社會主義經濟，沒有受到經濟大恐慌的直接影響。西元1934年，蘇聯加入國聯，企圖與德國、日本等法西斯國家對決。蘇聯國內，史達林不斷鎮壓和處死反對派，西元1936年的史達林憲法（1936年蘇聯憲法）通過後，共產黨一黨獨大的態勢變得更為強大。

用語解說

史達林憲法（1936 年蘇聯憲法）

西元1936年，在史達林獨裁體制下制定的憲法，正式名稱為《蘇維埃社會主義共和國聯邦憲法》。其中追加了普通選舉及勞動權（勞動的權利，具有勞動能力與意願的人，可向國家申請勞動機會的權利）的規定，並將最高會議（蘇維埃）訂為國家最高機關。

*10 否定私有財產，透過共享生產手段、產品的方法，打造沒有貧富差距的社會的思想、運動。以馬克思學說和思想為基礎的馬克思主義認為，勞工階段興起的革命可以消除階級，實現平等的社會。

❸ 三國反共產國際協定

國際性共產主義*10運動日漸頻繁之際，西元1936年德國與日本簽訂《反共產國際協定》（又稱《防共協定》），隔年義大利也加入，《三國防共協定》

用語解說

《三國防共協定》

以保護國家不被共產主義入侵為由簽訂的協定。德國、日本、義大利三國於西元1937年簽訂。協定目的是由三個國家一同對抗共產主義，但將蘇聯視為敵國的軍事同盟色彩較為濃厚。

每日新聞社

◀德日防共協定簽約儀式

就此成立，義大利退出國聯。德國、義大利、日本成立軸心國，與英國、法國、美國等同盟國對抗。

❹ 英國與法國的對應

英國與法國一開始對於義大利侵略衣索比亞、德國重整軍備與侵略行動皆採取綏靖政策，但隨著德國和義大利的軍事行動漸趨激烈，便開始擴大軍備，最後演變成第二次世界大戰。

▼第二次世界大戰一觸即發前的國際關係

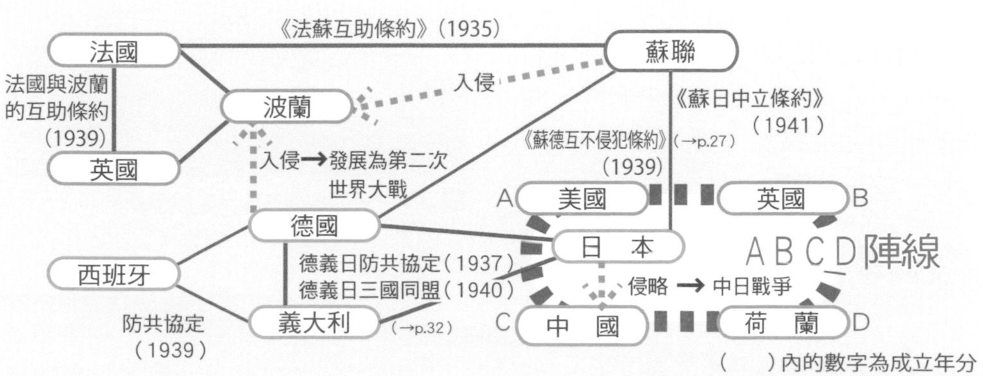

納粹德國的宣傳活動

希特勒

©PPS 通信社

西元1934年，希特勒以壓倒性的人氣成為元首，走上獨裁者的道路。當時的德國人為什麼如此狂熱地支持他？原來，高人氣背後有著洗腦宣傳（誘導特定思想與行動的宣傳活動）。

1 精心設計的演講

希特勒是演講高手，為了達到演講效果，花了不少心思設計。例如，希特勒總是在傍晚開始演講，經過一天辛苦工作而判斷力下降的聽眾，會沉醉在重覆、刺激又簡短的詞彙裡。此外，剛開始演講時背著夕陽，等到太陽完全西沉，再以聚光燈打光的照明效果，能讓演講者的視覺效果看起來更加強大。再者，種種精心設計的手勢，以及能清楚區分「敵人與朋友」的演講內容，都讓聽眾著迷。

©PPS 通信社

西元1937年納粹黨代會的情景

2 納粹黨代會的宣傳

西元1933年1月，被任命為德國總理的希特勒通過《全權委任法》，隔年成為元首。西元1934年召開的紐倫堡黨代會，便利用一百三十臺防空用的探照燈震懾現場每個人，多達四十萬黨員一起向臺上的希特勒舉起右手敬禮。現場情景被拍攝成電影《意志的勝利》，國民為之瘋狂。

3 將柏林奧運當成宣傳工具

最早將奧運當成政治宣傳工具使用的是納粹。以接力賽的方式，從希臘奧林匹亞神殿將聖火傳遞到舉辦地，再以聖火點燃聖火臺的儀式，是從西元1936

年的柏林奧運開始的。透過廣播與報紙將競賽內容傳至世界各地，以及拍攝紀錄片的手法，也由納粹德國發明。此外，採用希臘式的大型競技場，並由作曲家理查・史特勞斯親自指揮〈奧林匹克之歌〉的開幕式，以爭取獎牌數量為競爭項目等等，皆是國民教育與宣傳部部長約瑟夫・戈培爾*1提出的方案。

*1 西元1897～1945年。納粹黨黨員，後來成為希特勒的左右手。

🡅 柏林奧運時德國選手的入場遊行

4 利用制服營造國家的向心力

納粹德國的體制就是要讓國民與國家合為一體，為了達成這個目的規定穿著制服。只要從每個人穿的制服就能了解職務、階級和權限，而且制服還能完全抹殺每個人的個性。

穿著制服讓全體國民擁有共同意識，賦予制服一定的權限意義，讓穿的人湧現責任感與應盡義務的自覺。納粹德國利用制服巧妙地讓國民服從國家。

🡅 納粹德國的制服

5 高速公路系統與福斯汽車

納粹德國推行的國內政策還有被譽為汽車專用道路的高速公路建設。汽車在當時的普及率仍低，所以建設高速公路的目的在於提升普及率，增加就業機會，解決失業問題。再者，納粹德國為讓平民也能購買汽車，下達汽車降價的命令。西元1938年，實用車原型完成，即被暱稱為「金龜車」的「福斯1型」問世。可惜後來爆發第二次世界大戰，全國上下以生產軍用車輛為優先，國民無法買到這臺車。

4 第二次世界大戰的開始

納粹入侵波蘭，開啟軸心國與
同盟國之間的第二次世界大戰。
請一併參考第6頁地圖。

德國如何展開侵略？

❶ 納粹的侵略

西元1938年，德國以民族統一的名義併吞奧地利*1，此舉形同背棄《凡爾賽條約》；接著，德國要求合併與捷克斯洛伐克交界的蘇臺德地區，因為此地居住了非常多德國人。面對這些情況，英國、法國、德國、義大利四個國家召開慕尼黑會議，會中答應德國的要求。西元1939年，德國併吞捷克，將捷克納為保護國。

西元1939年，義大利併吞阿爾巴尼亞；德國則要求波蘭返還但澤（現今格但斯克）。英國和法國於是考慮以軍事方案解決問題。

*1 奧地利有許多德國人，所以奧地利政府也支援德國的行動。

用語解說

慕尼黑會議

西元1938年在德國慕尼黑舉辦的會議，與會人員包括英國首相張伯倫、法國總理達拉第、希特勒與墨索里尼，蘇聯則未被邀請。

▼德國領土的擴大

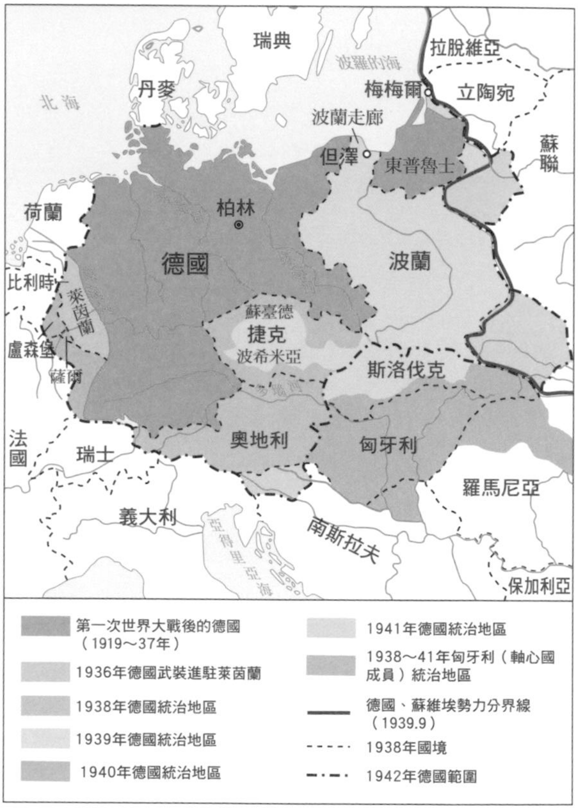
瑞典
拉脫維亞
波羅的海
丹麥
梅梅爾
立陶宛
北海
波蘭走廊
蘇聯
但澤
東普魯士
荷蘭
柏林
德國
波蘭
比利時
萊茵蘭
蘇臺德
捷克
波希米亞
盧森堡
薩爾
斯洛伐克
多瑙河
法國
瑞士
奧地利
匈牙利
羅馬尼亞
義大利
亞得里亞海
南斯拉夫
保加利亞
第一次世界大戰後的德國（1919～37年）
1936年德國武裝進駐萊茵蘭
1938年德國統治地區
1939年德國統治地區
1940年德國統治地區
1941年德國統治地區
1938～41年匈牙利（軸心國成員）統治地區
德國、蘇維埃勢力分界線（1939.9）
1938年國境
1942年德國範圍

▼歡迎併吞奧地利的德裔奧地利市民

©PPS通信社

ZAHNATELIER
IEG HEIL

❷《蘇德互不侵犯條約》

德國於西元1939年8月與蘇聯簽訂《蘇德互不侵犯條約》。由於蘇聯不信任參與慕尼黑會議的英國與法國，德國於是希望能與蘇聯簽訂互不侵犯條約，避免東邊被攻擊。

這條互不侵犯條約還祕密約定德國將與蘇聯瓜分波蘭。

用語解說

《蘇德互不侵犯條約》

西元1939年於莫斯科簽訂的條約。揭示反共主義的德國居然與蘇聯簽訂這項條約，讓全世界為之震驚。

▼諷刺德國與蘇聯親密關係的圖畫 ©PPS 通信社

▼德軍入侵波蘭 ©PPS 通信社

第二次世界大戰如何爆發？

❶ 德國入侵波蘭

德國在西元1939年9月入侵波蘭*2，波蘭敗北。緊接著，蘇聯也入侵波蘭，波蘭首都華沙淪陷，德蘇兩國便依計畫簽訂瓜分波蘭的協定。

英國和法國向德國宣戰後，第二次世界大戰隨之爆發。英國方面，**首相張伯倫**辭職，**邱吉爾**（→p.30）成為戰時內閣的首相，擺出徹底抗戰的姿態。

德軍於西元1940年4月攻陷挪威與丹麥，5月入侵比利時與荷蘭。蘇聯則於西元1939年向芬蘭宣戰，確保雙方邊境地區（冬季戰爭*3）。此舉讓蘇聯遭國聯除名，但蘇聯在西元1940年再度併吞波羅的海三國*4。

*2 德國簽訂《蘇德互不侵犯條約》後第九天，立刻入侵波蘭。

*3 由於領土交換的交涉破局，蘇聯向芬蘭發動侵略戰爭。得到英國和法國支援的芬蘭拒蘇聯於門外，而蘇聯為了早點結束戰爭，遂於西元1940年簽訂停戰協定。兩國國境附近的卡累利阿地區成為蘇聯領土，芬蘭向國聯申訴，指稱蘇聯為侵略國後，蘇聯就被國聯除名。

*4 波羅的海沿岸的愛沙尼亞、拉脫維亞、立陶宛三個國家，經過西元18世紀大北方戰爭及瓜分波蘭行動後，成為俄羅斯領土，俄羅斯大革命後的西元1918年才得以獨立。

▼德國與法國簽訂停戰協定

©PPS 通信社

2 法國敗北

緊接著，德國入侵法國，占領首都巴黎。貝當政府向德國投降後，法國北半部被德國占領，南半部則成立由貝當領導的**維琪政府**[*5]。之後，法國境內展開對德國的抵抗運動（→p.30）。

*5 貝當政府以菲利普・貝當為總理，在西元1940年成立。維琪是南法的地名。巴黎被德國占領後，便在維琪設立政府。在希特勒的強硬主導下，德國與法國在德國簽訂第一次世界大戰停戰協定的同一地點、同一節火車車廂中簽訂停戰協定。

▼站在巴黎艾菲爾鐵塔前的希特勒（中央）與其他成員

©PPS 通信社

蘇德戰爭是如何開始的？

1 蘇德戰爭

西元1941年6月，德國背棄《蘇德互不侵犯條約》，朝蘇聯進軍（巴巴羅薩行動[*6]），德國與義大利、羅馬尼亞、芬蘭一同朝莫斯科進攻。

但是進入12月後，蘇聯軍隊開始發動反擊。時值嚴冬，不習慣寒冷氣候的德軍陷入苦戰，戰爭因此拉長時間。蘇聯與英國同盟後，美國也助蘇聯一臂之力。

年	月	事件
1939	9	第二次世界大戰爆發（德國入侵波蘭）
	11	蘇芬戰爭（冬季戰爭）爆發
	12	國聯將蘇聯除名
1940	4	德國入侵丹麥與挪威
	5	德國入侵荷蘭與比利時
	6	義大利參戰*7。德國占領巴黎，法國投降，戴高樂於倫敦成立自由法國政府
	7	法國成立維琪（貝當）政府
	9	德義日三國同盟（軸心國）
1941	1	羅斯福發表「四大自由」*8
	3	美國通過《租借法》
	4	德國入侵巴爾幹*9
	6	蘇德戰爭開啟
	8	美英發表《大西洋憲章》（→ p.31）
	12	德義對美國宣戰（→ p.33）
1942	8	蘇德在史達林格勒展開攻防戰
1943	2	德國在史達林格勒大敗（→ p.36）
	5	同盟國軍於北非登陸
	7	同盟國軍於西西里登陸*10
	9	義大利投降
	11	美英蘇召開德黑蘭會議（→ p.35）
1944	6	同盟國軍於諾曼第登陸（→ p.36）
	8	敦巴頓橡樹園會議*11
		同盟國軍奪回巴黎
		戴高樂臨時政府遷往巴黎*12
1945	2	美英蘇召開雅爾達會議（雅爾達協定）
	4	同盟國召開舊金山會議*13
	5	柏林淪陷，德國投降

❷ 屠殺猶太人與其他民族

蘇德戰爭開始後，戰爭呈現長期化局面，為了繼續打仗，德國將數百萬名外國人強拉至國內，強迫外國人服勞役。此外，不斷製造人種歧視，在**奧斯威辛***14等集中營屠殺大量猶太人。

*6 「巴巴羅薩」是神聖羅馬帝國皇帝腓特烈一世的綽號「紅鬍子」。一直以來，腓特烈一世都被認為是替德國帶來繁榮的皇帝。

*7 西元1940年6月，義大利看到德軍占優勢之後，也向英國和法國宣戰，不過卻在入侵埃及和希臘的時候失敗。

*8 羅斯福在與法西斯國家作戰的期間，第三次連任美國總統，就職演講時他提到「四大自由」，主要內容是「言論自由」、「宗教自由」、「免於匱乏的自由」、「免於恐懼的自由」，也是民主國家的原則。

*9 為了支援義大利，德國壓制了南斯拉夫和希臘。此舉與想要確保羅馬尼亞油田地帶的蘇聯產生對立。

*10 同盟國在登陸義大利本土前，先攻占南方的西西里島，墨索里尼也被逮捕。

*11 美國、英國、蘇聯（中國在會議中途加入）聚集於華盛頓郊外，共同研擬聯合國憲章草案的會議。

*12 反對法國投降的戴高樂將軍，在西元1940年於倫敦建立流亡政權自由法國政府，展開一連串的反法西斯運動。

*13 同盟國五十個國家採納《聯合國憲章》（訂定聯合國基本原則與基本組織條文）的會議。

*14 西元1940年設置於波蘭南部的集中營，此處曾大量屠殺猶太人。在《安妮日記》一書裡的安妮・法蘭克家族，西元1934年從德國流亡至中立國荷蘭，但西元1940年德國統治荷蘭，開始迫害猶太人。西元1942年，安妮全家躲到父親公司樓上的「密室」，可惜最後還是被發現，安妮也被送到奧斯威辛集中營。

奧斯威辛集中營

法國動向為何？

德國在西元1940年6月攻占法國首都巴黎，統治法國南半部的維琪政府雖然投降，但身為軍人的戴高樂反對，只好流亡至倫敦。他建立了自由法國政府，指揮軍隊與德國周旋到底，法國國內也出現響應戴高樂對德的抵抗運動。由於維琪政府屬於親德一派，所以各國紛紛支持自由法國政府。

戴高樂（西元1890～1970年）

法國的軍人、政治家。在倫敦建立流亡政府，指導法國國內的抵抗運動。之後就任總統（在任期間西元1959～69年）。

©PPS 通信社

用語解說

抵抗運動

法語原文為La Résistance。法國被德國占領後，興起抵抗運動，較常見的運動為罷工，有時也會破壞德軍設施。

英國動向為何？

英國方面，西元1940年5月，邱吉爾成為首相，主張與納粹作戰。邱吉爾為了與德國作戰，開始準備製造飛機，

©PPS 通信社

◀奧斯威辛集中營以「西元 20 世紀規模最大的負面遺產」之名，在西元 1979 年納入世界遺產。集中營大門上寫著「勞動帶來自由」，但現實卻恰好相反。

©PPS 通信社

▲倫敦空襲

並在各地設置雷達，預防德軍空襲。

德國計畫登陸英國本土，為了破壞英軍的飛機，西元1940年7月開始於英國本土進行激烈的空襲，尤其是倫敦曾連續五十七天遭到夜間空襲，許多倫敦市民因此死亡。不過，英國防禦力並未因此衰退，德國只好放棄登陸英國。

邱吉爾（西元 1874 ～ 1965 年）

©PPS 通信社

英國政治家、首相（在任期間西元 1940～45、51～55年）。在其傑出的領導下，英國免於被德國占領。

美國動向為何？

美國一開始保持中立，後於西元1941年3月通過《租借法》，提供英國與蘇聯軍需品與武器。英國希望美國參戰，西元1941年8月，邱吉爾首相與美國總統羅斯福在大西洋上的戰艦會談，簽署《大西洋憲章》，確定領土不擴張、民族自決、貿易機會均等、國際安全保障等八個項目，並確認同盟國的作戰目的。

5 太平洋戰爭與第二次世界大戰終結

因為中日戰爭期間拉長，
日本開始往南方侵略。
請一併參考第7頁地圖。

日本為何踏上太平洋戰爭的道路？

❶ 第二次近衛內閣的成立

西元1940年，擔任首相的近衛文麿第二次組成近衛內閣。近衛內閣希望打造強而有力的政黨，讓全體國民為戰爭盡一己之力。為了解決中日戰爭的問題，決定朝南方侵略。

近衛文麿
（西元1891～1945年）
擔任過三次首相，通過國家總動員法，在第二世界大戰期間組成政治團體「大政翼贊會」。

❷ 德義日三國同盟與《蘇日中立條約》

西元1940年9月，《德義日三國同盟條約》締結，軸心國成立，這是從《三國防共協定》進一步擴張的軍事聯盟。同月，日軍進駐法屬印度支那北部，美國為了牽制日本侵略南方，開始對日本進行經濟制裁。

日本在西元1941年4月與蘇聯簽訂《蘇日中立條約》，直到德國與蘇聯開戰，日本進駐法屬印度支那南部後，有所警戒的美國全面凍結日本資產，禁止輸出石油，英國與荷蘭也採取相同措施，形成ABCD戰線*1，日本政府則於此時煽動國民危機感。

*1 由美國（America）、英國（Britain）、中國（China）、荷蘭（Dutch）組成對日包圍網的策略。

▼德義日三國同盟的簽約儀式

©PPS 通信社

簽約儀式在柏林舉行時的情景。從左到右依序為日本特命全權大使來棲三郎、希特勒、義大利外交大臣齊亞諾。

用語解說

《德義日三國同盟條約》
又稱《三國軸心協定》、《三國公約》。認同歐洲與亞洲的新秩序，若遭遇第三國攻擊就予以協助。主要是將美國視為假想敵。

《蘇日中立條約》
約定蘇日雙方互不侵犯與維持中立。日本的目的在於壓制美國、英國，並侵略南方；而蘇聯則為了避免與日本、德國進行雙邊戰爭而簽訂條約。但西元1945年的雅爾達協定，讓蘇聯單方面毀約。

3 美日交涉與東條內閣

西元1941年4月之後，近衛內閣為了避免美日開戰而與美國交涉。但美國主張日本應從中國全面撤退，日本無法接受，因此陸軍大臣東條英機主張開戰，內閣於是總辭。為了壓制主戰派陸軍，東條被指名擔任首相，美日雙方繼續交涉，11月26日美國國務卿赫爾提出美方最終方案（赫爾備忘錄*2），無法接受備忘錄的日本決定開戰。

東條英機（西元 1884 ~ 1948 年）

西元1941年兼任陸軍大臣、首相與內務大臣。在美日交涉失敗後，決心與美國開戰。

©PPS 通信社

*2 最終方案內容除了不可侵略領土等四項原則之外，並逼迫日本從中國全面撤退、否認南京傀儡政府與滿州國，毀棄德義日三國同盟之約。

*3 珍珠港曾是美國海軍基地，羅斯福總統高喊「勿忘珍珠港」，讓原本不願參戰的美國輿論一口氣倒向開戰的一方。

太平洋戰爭如何開始？

1 突擊珍珠港

西元1941年12月8日，日本攻擊位於夏威夷**珍珠港***3的美軍基地，向美國與英國宣戰，太平洋戰爭就此展開，中日戰爭規模擴大成橫跨亞洲、太平洋地區，所以又稱為亞洲太平洋戰爭。此外，三國同盟的德國與義大利（軸心國）也向美國宣戰，戰爭於是演變成軸心國與同盟國間的第二次世界大戰。

▼珍珠港內被日軍攻擊的美國軍艦

©PPS 通信社

② 大東亞共榮圈與占領地的動向

日本侵略歐美殖民地較多的南方，占領了馬來半島、印尼、菲律賓等東南亞地區，入侵南太平洋的吉爾伯特群島及所羅門群島。為了建設大東亞共榮圈，日本還在緬甸和菲律賓建立親日政權。

日本管制國內言論與報導，因此批判戰爭的意見無法浮上檯面。

日本在殖民地與占領地推行皇民化政策*4。西元1940年，日本為彌補勞動力不足，在實施創氏改名*5同化政策的朝鮮，強制徵召人民去日本做苦力，並在新加坡與馬來西亞虐待當地居民，強迫居民勞動，所以抗日運動越來越頻繁。印度支那方面，組織了以共產黨為核心的武裝組織「越南獨立同盟會」；緬甸方面，組成以德欽黨為首的反法西斯組織，對日本展開游擊戰。此時日軍必須同時對外發動戰爭與處理來自統治地區的人民反抗。

▼登陸馬來半島的日軍 ©PPS 通信社

用語解說

大東亞共榮圈

解放原是歐洲殖民地的南方各國，與日本共同繁榮的構想。實情是日本在當地掠奪橡膠、錫礦、石油等重要資源，強迫當地居民勞動，所以各地皆爆發抗日運動。

強制徵召

日本為了彌補勞動力不足的情況，強行從朝鮮或中國抓走勞動人口，於各地進行建設工程。

第二次世界大戰如何結束？

① 戰局的轉換

一開始日軍的確擁有壓倒性戰力，但在西元1942年6月**中途島***6附近的海戰損失四艘航空母艦後元氣大傷（中途島海戰）。此後，美國攻勢漸趨凌厲，日本則陷於劣勢。

歐洲方面，同盟國軍隊從北非近逼義大利，而義大利國內反對墨索里尼的聲浪

*4 強迫當地人民接受日語教育、參拜神社、懸掛日本國旗、遙拜皇居，讓當地文化和國民意識與日本文化融合的同化政策。「皇民」指的是天皇的子民，也就是日本人的意思。

*5 西元1940年，由朝鮮總督府實施，讓朝鮮人改名為日本姓氏的政策。這雖然是皇民化政策的一環，但對重視家譜與姓氏的朝鮮人來說，是一種屈辱。

*6 位於太平洋中部的群島。作為供給飛機、軍艦油料的補給站，是具有軍事性質的重要據點。

越來越高，西元1943年7月，國王下令墨索里尼辭職，同年9月，同盟國軍隊登陸義大利本土，義大利只能無條件投降。

▼中途島海戰時，冒出熊熊火光的日本巡洋艦「三隈號」。

©PPS 通信社

2 戰後構想

西元1943年1月，美國總統羅斯福與英國首相邱吉爾在摩洛哥卡薩布蘭卡討論向軸心國要求無條件投降*7的事宜。

*7 投降時，不附加任何條件的意思。

同年11月，蔣介石、邱吉爾、羅斯福於埃及的開羅會議後，提出戰後該如何處理日本的《開羅宣言》。此外，羅斯福、邱吉爾、史達林的德黑蘭會議也同意同盟國軍隊登陸北法的作戰，以及蘇聯對日宣戰。西元1945年2月，美國、英國、蘇聯三國首腦於克里米亞半島的雅爾達會議，簽訂了《雅爾達協定》。

用語解說

開羅宣言

西元1943年11月簽訂。除了要求日本無條件投降，並決定日本之後的領土該如何處理，其中包括將中國東北地區、臺灣、澎湖群島還給中華民國，朝鮮獨立，剝奪日本於第一次世界大戰後獲得的太平洋群島。

《雅爾達協定》

在雅爾達會議簽署的祕密協定。根據處理德國的原則，決議讓蘇聯對日宣戰。

▼參與雅爾達會議的三國首腦，由左至右依序為邱吉爾（英）、羅斯福（美）、史達林（蘇）。

©PPS 通信社

德國如何投降的？

▼柏林淪陷的情景　蘇聯士兵正在樹立旗幟。

©PPS 通信社

同盟國從西元1942年後半開始展開反擊。西元1943年2月，德國於**史達林格勒**（現稱伏爾加格勒）敗給蘇聯。西元1944年6月，同盟國軍隊登陸法國諾曼第，奪回巴黎。

西元1945年2月，英美軍隊轟炸摧毀德國城市德勒斯登，造成大量傷亡。希特勒於同年4月底自殺，進入5月後，蘇聯攻擊柏林，在激烈的巷戰後，柏林淪陷。最後，德國於西元1945年5月7日無條件投降。

日本如何投降的？

日本遭受美國激烈的反擊。西元1944年7月，馬里亞納群島的塞班島淪陷。西元1943年，日本開始實施學徒出陣*8運動，讓只裝載單程油料的飛機進行衝撞美國航空母艦的自殺攻擊，這便是惡名昭彰的神風特攻隊。此外，西元1944年底，美軍開始轟炸日本，日本許多城市遭到破壞。西元1945年4月，美軍登陸沖繩，在激烈戰爭後，美軍成功占領沖繩。

*8　由於兵源不足，讓大學生早點畢業上戰場的政策。

用語解說

《波茨坦宣言》

西元1945年7月，在柏林郊外召開波茨坦會議後所發表的共同宣言，主旨力勸日本投降。此次會議出席者包括美國總統杜魯門、英國首相邱吉爾（中途換成首相艾德禮）、蘇聯領導人史達林，得到中國的蔣介石同意後，由美國、英國、中國（8月時蘇聯也加入）共同發表。

西元1945年7月，美國、英國、中國提出日本必須無條件投降的《波茨坦宣言》，但日本不予理會。最終美國在8月6日於廣島投擲原子彈，接著又於9日在長崎投擲原子彈，造成兩個城市超過二十萬名以上的市民死亡。8月8日，蘇聯單方面背棄《蘇日中立條約》入侵滿州，多數日本人因此陣亡，之後約有五十七萬名日本人被扣留在西伯利亞。8月14日，日本接受《波茨坦宣言》，長達六年的第二次世界大戰終於畫下句點*9。

用語解說

原子彈

經過四個月後，廣島約有二十萬人死亡，長崎也有七萬人死亡。直到現在，仍有許多人為輻射後遺症所苦。

*9 據估計，全世界於第二次世界大戰死亡的人數多達五千萬人以上。

▼遭到原子彈轟炸後的廣島

©PPS 通信社

開發核武的開端

原子彈爆炸之後的蕈狀雲

©PPS 通信社

西元1945年8月6日，原子彈於廣島投擲，8月9日再於長崎投擲，這是世界第一次使用核武，對廣島和長崎兩個城市造成空前的破壞。擁有如此可怕破壞力的原子彈，到底如何開發出來的呢？

1 核分裂與原子彈

所有物質都由原子組成，原子中心的原子核由質子與中子組成，周圍則有數個電子，從外面以中子撞擊鈾或鈽的原子核，分裂時會放出能量（核分裂），緊接著其他原子也會發生分裂（連鎖反應），進而產生巨大的能量。使用這個原理製成的原子彈就是「核武」。西元1932年，英國物理學家發現中子；西元1938年，納粹德國的奧托・哈恩以中子撞擊鈾，成功產生核分裂現象。從義大利逃出的物理學家恩里科・費米（西元1901～54年）與逃出匈牙利的猶太裔物理學家李奧・西拉德（西元1898～1964年），在西元1939年指出可以利用核分裂的連鎖反應開發核武。西拉德進一步寫信給羅斯福總統，提到納粹德國可能會開發核武，希望美國能支援自己的研究，信中還附上知名物理學家愛因斯坦（西元1879～1955年）的簽名。

©PPS 通信社

奧托・哈恩（西元1879～1968年

德國化學家、物理學家，專攻輻射研究。西元1938年發現核分裂現象，西元1944年獲頒諾貝爾化學獎。

2 啟動曼哈頓計畫

西元1940年，英國發現產生核分裂的鈾235的濃縮方法，了解更容易造成核分裂的鈽239的特性。西元1941年，美國得知消息後，加速展開相關研究與開發，羅斯福總統也認同原子彈的開發。西元1942年8月，由美國陸軍主導原子彈開發的曼哈頓計畫*1展開。據說，曼哈頓計畫耗費二十億美元，以及十二萬名人力，可說是美國、英國、加拿大通力合作的大型開發案。

*1 美國原子彈製造計畫的暗號。

3 德國與日本推動原子彈開發計畫

西元1940年之前，全世界最早完成核分裂實驗的德國，在核武開發上位居領先地位，不但有鈾礦與重水（製造核武所需物質）工廠，還有以核反應研究知名的物理學家海森堡（西元1901～76年），可是許多猶太裔物理學家逃離德國，希特勒本身也以「猶太人的物理學」、「惡魔的科學」等理由討厭核武，加上重水工廠被敵人炸毀，研究便開始落後。日本比曼哈頓計畫晚五個月開始研究核武，之後因西元1945年3月的東京大轟炸停止研究。戰後，占領日本的美軍從曾是研究中心的理化學研究所*2仁科芳雄研究室中找到迴旋加速器，誤認該電子加速裝置為核研究設備，於是加以破壞。

*2 日本唯一從基礎研究到應用研究的自然科學綜合研究所。

4 日本成為原子彈投擲目標

西元1945年7月，美國於新墨西哥州的沙漠成功完成世界首次核爆試驗，原子彈就此成為可以在戰場上使用的武器。「比納粹德國還早開發完成」是最初目標，所以原子彈原本準備對德國使用，但此時希特勒已經自殺，德國也已投降，所以投擲對象遂改成日本。直徑約5公里左右、具有軍工產業及軍事指揮設施，容易破壞，且尚未被轟炸的廣島、小倉、長崎、橫濱、新潟、京都等都是可能的目標。美國部分科學家反對使用原子彈這種無差別的大量殺戮武器，並對美國總統杜魯門（在任期間西元1945～53年）提出報告，可惜被忽視。美國以「要讓戰爭早點結束」的名義投擲原子彈，但戰後的國際社會認為美國只是為了保有軍事優勢，故急於讓原子彈付諸實用。

©PPS 通信社

於新墨西哥州進行核爆試驗的情景

客機與空服員

↑萊特兄弟的動力飛機「萊特飛行者一號」 ©PPS 通信社

西元1903年，萊特兄弟完成世界首次動力飛行後，飛機因為第一次世界大戰而有飛躍性的發展。一開始飛機被當成武器使用，之後慢慢演變成載客用的客機。

1 客機的開端

↑最初的載客客機 ©PPS 通信社

第一次世界大戰使用的飛機在戰後變成多餘的物資，其中有大部分轉讓給民間企業，所以出現了長距離的郵寄路線。西元1919年，第一次出現載客服務，但是一次只能承載兩名乘客。西元1935年，泛美航空開設了橫渡太平洋航線。

2 空服員的沿革

西元1929年，泛美航空開始在飛機上安排空服員（男性）。西元1930年，美國波音航空運輸公司（現今的聯合航空）為了服務乘客，採用女性空服員，而且女性空服員的條件必須具備護理師資格，體重在50公斤以下，身高低於162公分，年齡在二十五歲以下，據說這是為了小型飛機必須多次起降，以及照顧身體狀況不佳的乘客所設定的條件。

↑西元1940年代的空服員 ©PPS 通信社

第二次世界大戰之後直到現在的空服員多數都是女性，但其實男性與女性都可以擔任空服員或客艙組員的職務。

↑現代的空服員 ©PPS 通信社

國家圖書館出版品預行編目(CIP)資料

NEW全彩漫畫世界歷史．第11卷：經濟大恐慌與第二次世界大戰／南房秀久原作；近藤二郎監修；吉田博哉漫畫；許郁文翻譯. -- 初版. -- 新北市：小熊，2017.11
192面；15.5×22.8公分.
ISBN 978-986-95576-6-5 (精裝)
1.世界史　2.文化史　3.漫畫
711　　106019737

NEW 全彩漫畫 世界歷史 11

經濟大恐慌與第二次世界大戰

監修／近藤二郎　漫畫／吉田博哉　原作／南房秀久　翻譯／許郁文　審訂／翁嘉聲

總編輯：鄭如瑤｜文字編輯：蔡凌雯｜顧問：余遠炫（歷史專欄作家）
美術編輯：莊芯媚｜印務經理：黃禮賢

社長：郭重興｜發行人兼出版總監：曾大福
出版與發行：小熊出版．遠足文化事業股份有限公司
地址：231 新北市新店區民權路 108-2 號 9 樓
電話：02-22181417 ｜傳真：02-86671851
劃撥帳號：19504465 ｜戶名：遠足文化事業股份有限公司
客服專線：0800-221029 ｜ E-mail：littlebear@bookrep.com.tw
讀書共和國出版集團網路書店：http://www.bookrep.com.tw
Facebook：小熊出版

法律顧問：華洋國際專利商標事務所／蘇文生律師
印製：凱林彩印股份有限公司
初版一刷：2017 年 11 月｜初版三刷：2018 年 1 月
定價：450 元 ｜ ISBN：978-986-95576-6-5

世界歷史 對照年表 2

● 這是一個能讓讀者大致掌握世界歷史脈動及演變的年表。為了能淺顯易懂，在國家與時期部分做了省略整理，並非全部羅列。

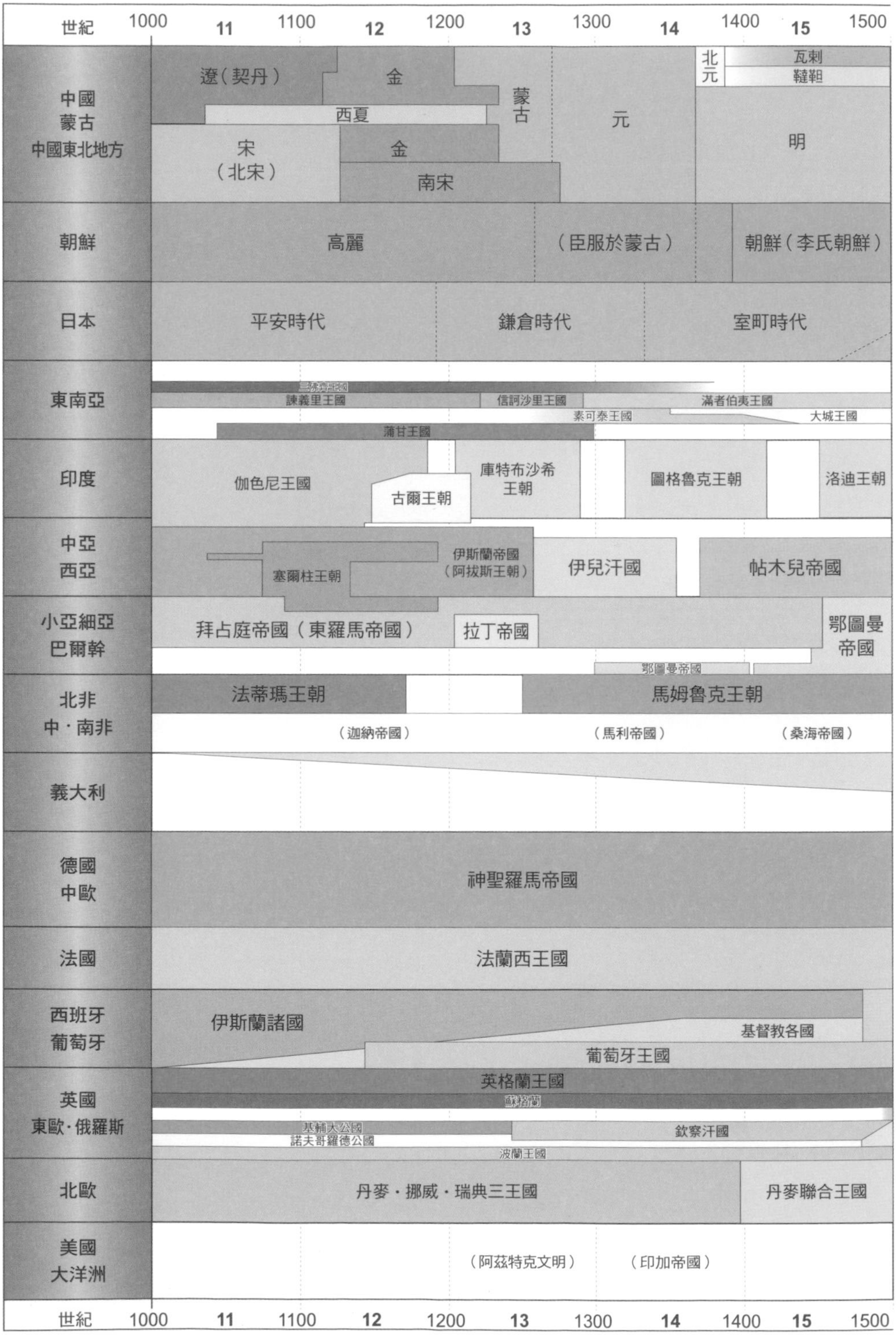